LES VOSGES

STATIONS THERMALES et CLIMATIQUES

Centres de Villégiatures et de Tourisme

LISTE des HOTELS

VILLAS & Logements à louer dans les Vosges

CONSULTEZ LA CARTE AU MILIEU DE LA BROCHURE

ÉDITÉ PAR LA FÉDÉRATION DES SYNDICATS D'INITIATIVE DES VOSGES

Bas-Rhin — Haut-Rhin — Meurthe-et-Moselle
Moselle — Vosges

SIÈGE SOCIAL :

3, RUE DU DOME - STRASBOURG

1926   Prix : 2 fr.

ÉPINAL
IMPRIMERIE PAUL TESTART

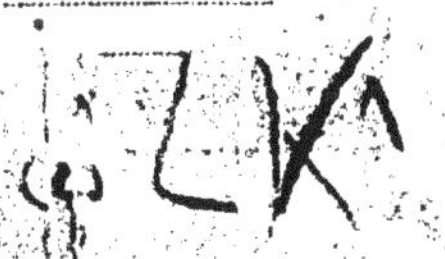

CHEMINS DE FER D'ALSACE ET DE LORRAINE
SERVICES AUTOMOBILES DE LA SAISON D'ÉTÉ, JUIN-SEPTEMBRE 1926

I. — SERVICES DE LA ROUTE DES VOSGES

A. - Circuits autour de Strasbourg

1· Circuit - Strasbourg (départ 9 h.) Reichshoffen, Niederbronn, Jægerthal, Lac de Hanau (déjeûner), Obersteinbach (Wasigenstein), Lembach, Frœschwiller, (Monuments commémoratifs), Wœrth (Arbre de Mac-Mahon), Morsbronn-les-Bains (Monument des Cuirassiers), Haguenau, Strasbourg (arrivée 18 h.).
Départs : Lundi, du 19 Juillet au 15 septembre. Location des places: à Paris 3 fr., à Strasbourg 1 fr. 50.

2· Circuit - Strasbourg (départ 9 h. 30), Obernai, Barr, Andlau, Hohwald, (déjeûner), Sainte-Odile, Ottrott (Saint-Léonard), Bœrsch, Rosheim, Altorf, Strasbourg (arrivée 17 h. 50).
Départs : Dimanche, Mardi, Jeudi, Vendredi, Samedi. du 25 juin au 15 septembre. Location des places : à Paris 3 fr., à Strasbourg 1 fr. 50.

B. - Service Strasbourg-Mulhouse ou Mulhouse-Strasbourg
(du 1er Juillet au 15 Septembre)

a) Strasbourg (départ 9 h. 30), Sélestat (arrivée 18 h. 25) par Mutzig, Wisches, Guirbaden, Sainte-Odile (déjeûner), Hohwald, Col de la Charbonnière, Champ du Feu, Villé.
Départs : Lundi, Mercredi, Vendredi.
ou inversement : Sélestat (départ 9 h. 30), Strasbourg (arrivée 18 h. 25), (déjeûner au Hohwald).
Départs : Lundi, Mercredi, Samedi.
Location des places : à Paris 3 fr., à Strasbourg 2 fr.

b) Sélestat (départ 9 h. 30), Colmar (arrivée 17 h. 30) par Haut-Kœnigsbourg, Bergheim, Ribeauvillé, Aubure (déjeûner), Col du Bonhomme, Col du Louschpach, Calvaire du Louschpach, Lac Blanc (cantine), Lac Blanc (digue), Lac Noir, Orbey, Kaysersberg, Ammerschwihr.
Départs : Mardi, Jeudi, Samedi.
ou inversement : Colmar (dép. 9 h. 30), Sélestat (arr. 17 h. 45), (déjeûner à Orbey).
Départs : Mardi, Vendredi, Dimanche.
Location des places : à Paris 3 fr., à Strasbourg 2 fr.

c) Colmar (dép. 9 h. 30), Mulhouse (arr. 18 h.) par Turckheim, Trois-Epis, Le Lingé, Cimetière des Chasseurs, Schlucht (déjeûner) Hohneck, Markstein, Ranspach, Thann, Cernay.
Départs : Mercredi, Vendredi, Dimanche.
ou inversement : Mulhouse (dép. 9 h. 10), Colmar (arr. 17 h. 45), (déjeûner au Hohneck).
Départs : Lundi, Jeudi, Samedi.
Location des places : à Paris 3 fr., à Strasbourg 2 fr.
Parcours entier Strasbourg-Mulhouse ou Mulhouse-Strasbourg, 3 journées 352 k.
Prix : 141 fr. Location des places : à Paris 4 fr., à Strasbourg 3 fr.

C. - Circuits Mulhouse-Ballon d'Alsace-Mulhouse
(du 1er Juillet au 15 Septembre. — Départs journaliers)

Mulhouse (dép. 8 h. 30), Cernay, Thann, Saint-Amarin, Wesserling, Bussang, Saint-Maurice, Ballon d'Alsace (arr. 10 h. 50).
Ballon d'Alsace (dép. 15 h. 00), Massevaux, Route Joffre, Bitschwiller, Thann, Cernay, Mulhouse (arr. 17 h. 55).
Location des places : à Paris 3 fr., à Strasbourg, Mulhouse et Belfort. 2 fr.
Correspondance : Belfort-Ballon-d'Alsace et Ballon d'Alsace-Belfort.

D. - Service Automobile Colmar-Vittel
ou vice versa, en commun avec la Compagnie de l'Est.

Pour tous renseignements s'adresser aux Chemins de fer d'Alsace et de Lorraine:
à Strasbourg, 3, Boulevard du Président Wilson.
à Paris, 5, Rue de Florence.

FÉDÉRATION DES VOSGES

des SYNDICATS D'INITIATIVE (Climatisme - Thermalisme - Tourisme)

Bas-Rhin, Haut-Rhin, Meurthe-et-Moselle, Moselle, Vosges

SIÈGE SOCIAL :

15, Rue du Dôme — STRASBOURG

LISTE des HOTELS, VILLAS et LOGEMENTS des VOSGES
6ᵉ Édition - 1926   Prix : 2 Fr.

La FÉDÉRATION DES VOSGES a pour but de coordonner les efforts des Syndicats d'Initiative des départements du Bas-Rhin, du Haut-Rhin, de Meurthe-et-Moselle, de la Moselle et des Vosges. Elle s'efforce de faciliter la visite du massif des Vosges et le séjour dans les stations thermales et climatiques, dans les centres de villégiature et les villes de la région. Les Syndicats d'Initiative (en voir la liste page 4) fournissent gratuitement, de vive voix ou par correspondance, (joindre un timbre pour la réponse) des renseignements sur les stations thermales, climatiques et de tourisme, sur les curiosités naturelles et autres, sur les hôtels et pensions, sur les moyens d'accès et de transport.

Par la présente liste (Prix : 2 Fr.) la FÉDÉRATION fait connaitre les hôtels, villas et logements de la région des Vosges, mais elle n'intervient en aucune façon, même comme intermédiaire, entre propriétaires et locataires.

Cette liste est établie d'après les déclarations de ceux des hôteliers et propriétaires qui ont bien voulu répondre à l'appel de la FÉDÉRATION. Les prix indiqués sont souvent approximatifs, et la FÉDÉRATION décline toute responsabilité quant à leur application qui peut varier dans le cours de la saison. En général, les prix sont ceux qui ont été pratiqués au cours de la saison 1925-1926. Dans la plupart des cas il y aura lieu d'y ajouter une majoration correspondant à l'augmentation du coût de la vie depuis un an.

Messieurs les Touristes sont priés de se recommander du Syndicat d'Initiative auquel ils se seront adressés auprès des hôteliers et propriétaires de villas. Ils sont invités à adresser au Siège Social de la FÉDÉRATION, 15, Rue du Dôme, à Strasbourg, les observations qu'ils auraient à faire dans l'intérêt général.

L'insertion dans la présente liste des villégiatures est entièrement gratuite, mais seuls y figurent les établissements dont les propriétaires ou gérants ont répondu au questionnaire que leur a adressé le Secrétariat de la Fédération. Les modifications demandées pour les listes suivantes seront également gratuites.

BAINS-LES-BAINS, Kiosque, près du Bain Romain, ouvert de 8 à 12 h. et de 13 à 18 h.

BARR, 4, Grand Rue, ouvert de 8 à 20 h. 119.

COLMAR, place de la Gare, ouvert en hiver de 9 à 12 h. et de 14 à 17 h., en été de 9 à 12 h. et de 13 h. 30 à 19 h. 156

CONTREXÉVILLE, *Hôtel de la Paix*, Esplanade, ouvert de 8 à 11h. et de 14h. 30 à 18 h. du 20 mai au 20 septembre.

ÉPINAL, 32, rue Léopold-Bourg (Librairie Testart), ouvert de 8 h. à 12 h. et de 14 à 18 h. 30. 92

GÉRARDMER, en hiver, 7, rue du Lac, en été Villa les Liserons, boul. Kelsch, ouvert de 8 h. 30 à 11 h. 30 et de 14 à 17 h. 74

GUEBWILLER, Pavillon Municipal, place de la Gare, ouvert de 8 à 12 heures et de 14 à 18 h. 95

LA POUTROIE, pas de bureau de renseignement, s'adresser à M. Heitzler, secrétaire général, Hôtel de la Couronne,

MULHOUSE, 7, rue Maréchal Foch, ouvert de 8 à 12 h. et de 14 à 18 h. 645

METZ, Place de la Gare, ouvert de 8 à 11 h. et de 14 à 18 h. 13-49

MUNSTER, place de la Gare, ouvert de 8 h. à 12 h. et de 14 h. à 18 heures. 80.

NANCY, 1, rue de la Ravinelle, ouvert de 9 à 11 h. 30 et de 14 à 17h. 30. 100

NIEDERBRONN, Square des Eaux, ouvert de 8 heures à 12 h. et de 14 à 18 h. 14

OBERNAI, à la Mairie, ouvert de 8 à 12 h. et de 15 à 18 h. 44

PLOMBIÈRES, Arcades, ouvert de 9 à 12 h. et de 14 à 17 h.

PONT-A-MOUSSON, 9, place Duroc, ouvert de 8 h. à 12 h., et de 14 h. à 18 heures.

RAON-L'ÉTAPE, Magasins Réunis, ouvert de 9 à 12 h. et de 14 à 18 h. 15

SAINT-DIÉ, 31, Rue Concorde, ouvert de 10 à 12 h. et de 16 à 18 h. 183

SAVERNE, à la Mairie, ouvert de 9 à 12 h. et de 14 à 18 h.

SENONES, à la Mairie, ouvert de 8 à 12 heures et de 14 à 18 h. 45

STRASBOURG, Hôtel de Ville, 9, rue Brûlée, ouv. en hiver de 9 h. à 12 h. et de 14 à 18 h., en été de 8 à 19 h. 450

THANN, *Hôtel de la Gare*, ouvert de 8 à 12 heures et de 14 à 18 h. 102.

THIONVILLE, 12, place du Marché, ouvert de 8 à 12 h. et de 12 à 19 h. 49

VITTEL, Rue de la Gare, ouvert de 9 h. à 12 h. et de 14 à 18 h. du 1er mai au 1er octobre. 72

Abréviations : Téléphone   EC Eau courante   CC Chauffage central

BAS-RHIN

ANDLAU (alt. 245 m.). Petite ville de 1782 habitants, à l'entrée des Vosges, sur la rivière Andlau, qui descend du Champ du Feu, au pied des ruines du château d'Andlau et de la Spesbourg.

Station Eichhoffen de la ligne Sélestat-Molsheim, à 2 km.

Loueurs de voitures à Andlau : E. Bohn, F. Rietsch, A. et J. Wach.

Hôtel Dollé, prop. Auguste Dollé, 16 lits à 5 fr., petit déj. 2 fr. 50, repas de 6 à 12 fr., pension 18 à 20 fr.

Hôtel des Vosges, propr. Auguste Schmitt, 10 lits de 8 à 12 fr., petit déj. 2 fr. 50, déj. et dîner de 6 à 8 fr., pension 20 fr.

BARR (alt. 208 m.). Petite ville de 5.000 habitants, station d'été fréquentée et excellent centre d'excursions, dans une charmante situation au pied des Vosges et au débouché de la vallée de la Kirneck, entre deux collines couvertes de vignes sur leurs pentes et boisées à leur sommet.

Tous renseignements au Syndicat d'Initiative : 4, Grande Rue.

Station de la ligne Sélestat-Molsheim.

Service régulier d'automobiles pour le Hohwald plusieurs fois par jour. Montée 4 f., descente 4 f.

Service d'auto-cars pour Ste-Odile deux fois par jour. Montée 6 f., descente 4 f.

Auto-cars de la Route des Vosges ; circuit Strasbourg-Hohwald-Ste-Odile-Strasbourg.

Hôtel du Bouc Noir, propr. Ed. Flugel, 20 lits de 6 à 8 fr., petit déj. 2 fr. 50, repas de 6 à 10 fr., Pension 20 à 25 fr. 100.

Hôtel et Bains du Buhl, propr. Ch. Mosser, 90 lits de 9 à 10 fr., petit déjeûner 3 fr., déjeûner 14 fr., dîner 12 fr., pension 25 à 30 fr. 70.

Hôtel de la Couronne, propr. Raymond Spengler, 26 lits à 10 fr., petit déj. 3 fr., repas 10 fr., pension depuis 28 fr., 20.

Hôtel de la Maison Rouge, propr. Mathieu Meyer, 48 lits de 7 à 12 fr., petit déj. 2 fr. 50, repas 8 à 15 fr., pension de 22 à 26 fr. 27. EC.

Hôtel de la Pomme d'Or, prop. Ch. Wingert, 16 lits de 8 à 12 fr., petit déj. 3 fr., repas 10 fr., pension de 20 à 30 fr. 3.

Hôtel du Tivoli, propr. Robert Vogel, 20 lits de 6 à 8 fr., petit déj. 2 fr. 50, repas 5 à 10 fr. pension de 20 à 28 fr. 122.

BELMONT DE LA ROCHE (alt. 703 m.). Petit village de 500 habitants à proximité du Champ du Feu.

Station Fouday de la ligne Strasbourg-Saâles (1 h. à pied).

BENFELD (alt. 159 m.). Ancienne petite ville de 2.600 habitants, autrefois fortifiée, au bord de l'Ill.

Station de la ligne Strasbourg-Bâle.

Hôtel de la Ville de Strasbourg, prop. I. Schrodi, 10 lits de 6 à 10 fr., petit déj. 2 fr. 50, déj. 8 fr. 50, diner 8 fr., pension 16 à 20 fr. 🏠 10.

Hôtel de la Pomme d'Or, prop. E. Hatsch, 10 lits de 6 à 10 fr., petit déj. 2 fr. 50, déj. 8 fr. 50, diner 7 fr. 50, pension 18 à 20 fr. 🏠 20.

Hôtel de la Ville de Londres, prop. A. Richert, 10 lits de 6 à 10 fr., petit déjeûner 2 fr. 50, déj. et diner 8 fr., pension 16 à 20 fr. 🏠 70.

BISCHWILLER (alt. 139 m.). **Ville industrielle de 8.138 habitants, sur la Moder.**

Station de la ligne Strasbourg-Wissembourg.

Embranchement pour Oberhoffen.

Hôtel du Lion d'Or, prop. G. Wagner-Gunst, 10 lits de 8 à 14 fr., pet. déj. 2 f., repas de 6 à 9 fr., pension depuis 20 fr.

BOUXWILLER (alt. 229 m.). **Petite ville située au pied du Mont Saint-Sébastien, alt. 326 m. d'où l'on jouit d'une vue remarquable sur les Vosges et la Plaine d'Alsace.**

Station de la ligne Haguenau à Saverne.

Hôtel du Soleil, prop. J.-B. Jæger, 10 lits de 6 à 8 fr., déj. et diner 6 à 8 fr., pension 20 à 22 fr.

BRUMATH (alt. 144 m.). **Ville de 5.524 habitants sur la rive gauche de la Zorn. La Forêt de Brumath est très fréquentée par les Strasbourgeois.**

Station de la ligne Strasbourg-Sarreguemines.

Restaurant à la Rose, propr. Eugène Ginss, 3 lits à 7 fr., petit déj. 3 fr., déj. 6 fr., diner 8 fr.

CHAMP-DU-FEU (alt. 1099 m.) **Haut plateau dénudé d'où l'on jouit d'une vue magnifique dans toutes les directions.**

Très fréquenté en hiver pour le ski et la luge.

Station Rothau de la ligne Strasbourg-Saales.

Pension du Champ-du-Feu, prop. Hazemann, 17 lits à 6 fr., pet. déj. 3 fr. 50, repas de 6 à 8 fr., pension de 20 à 22 fr. 🏠.

CHATENOIS (alt. 192 m.). **Assez joli bourg de 2.500 habitants, au pied du Hahnenberg et à l'entrée des vallées de Sainte-Marie-aux-Mines et de Villé. Dans le parc de l'ancien établissement incendié et non reconstruit, sources d'eaux minérales, chlorurées, sodiques ferrugineuses.**

Station de la ligne Sélestat-Sainte-Marie-aux-Mines.

Hôtel de l'Aigle, propr. Henri Rugraff, 22 lits de 6 à 8 fr., petit déj. 2 fr. 50, repas de 6 à 8 fr., pension 22 fr.

Hôtel de la Gare anc^t *l'Agneau Blanc*, propr. Joseph Heckmann, 20 lits de 8 à 10 fr., petit déj. 2 fr. 50, repas de 6 fr. 50 à 8 fr. 50, pension de 20 à 25 fr.

Hôtel-Restaurant des Vosges, propr. Jules Scheibling, 14 lits de 6 à 8 fr., petit déj. 2 fr. 50, repas de 6 à 9 fr., pension 25 fr.

CLIMONT (Fermes du) Situées à 1/2 heure du sommet du Climont (alt. 966 m.)

Station Bourg-Bruche de la ligne Strasbourg Saales, à 2 h.

Hôtel du Climont, 10 lits de 5 à 7 fr., pet. déj. 2 fr., déj. 8 à 10 fr., diner 5 fr., pension 20 fr.,

DAMBACH-LA-VILLE (alt. 150 m.). Pittoresque petite ville située au milieu de vignobles réputés, célèbre par son théâtre de verdure.

Station de la ligne Sélestat-Molsheim.

Hôtel de l'Arbre Vert, propr. Isidore Kobloth, 10 lits de 3 à 5 fr., petit déj. 1 fr. à 2 fr. 50, déj. 5 à 15 fr., diner 4 à 6 fr., pension 16 à 15 fr. 6.

DONON (Plate-forme du) (Alt. 737 m.). Plateau découvert à la limite de l'Alsace et de la Lorraine et au croisement des routes stratégiques d'Abreschwiller, de Schirmeck et de Raon-sur-Plaine. Au-dessus du Plateau se dresse au nord-est la belle cime du Donon (alt. 1.008 m.)

Station Schirmeck de la ligne Strasbourg-Saales à 9 km.

En été, service régulier d'auto-cars depuis Schirmeck, prix 3 f., 50

Hôtel Velleda. Veuve Kegreiss, 40 lits depuis 10 fr., petit déjeûner 2 fr. 50 à 3 fr., déjeûner de 6 à 10 fr., diner 10 fr., pension 30 fr. 40 Schirmeck

GRENDELBRUCH (alt. 600 m.). Bourg industriel, agréable séjour et centre d'excursion, sur la Magel, au pied du Buchberg.

Stations : Lutzelhouse à 4 km. | de la ligne Strasbourg-Saales
        Wisches à 7 km. |

De Wisches omnibus de la Poste 2 fois par jour.
De Heiligenberg service d'autobus 2 fois par jour.
Voiture et auto à louer à l'Hôtel Kretzschmar.

Hôtel Kretzschmar, propr. Vve Kretzschmar, 30 lits de 6 à 8 fr., petit déj. 3 fr., repas 7 à 10 fr., pension de 25 à 30 fr.

HAGUENAU (alt. 145 m.). Ville de garnison sur les bords de la Moder. Centre du commerce de houblons d'Alsace.

Station de la ligne Strasbourg-Wissembourg et terminus, des lignes Saverne-Haguenau et Sarreguemines-Haguenau.

Service d'auto-cars de la Route des Vosges Strasbourg-Niederbronn-Lac de Hanau-Strasbourg.

La Chaîne des Vosges s'étend sur une longueur de 250 kilomètres.

HAUT-BARR (alt. 458 m.). A 55 minutes de Saverne. Entre la vallée de la Zorn et la Plaine du Rhin. Vue merveilleuse. Table d'orientation.

Station Saverne de la ligne Strasbourg-Sarrebourg.

Loueurs de voitures à Saverne, V. Riehl, 9, rue de l'Oignon ; Ulrich Michel, 11, rue de Dettwiller.

Hôtel du Haut-Barr, propr. Armand Foeké, 9 lits à 10 fr., petit déjeûner 3 fr., déjeûner et diner 10 et 12 fr., pension 28 fr. Saverne 125.

HAUT-KŒNIGSBOURG (alt. 755 m.). Un des buts d'excursion les plus fréquentés en Alsace. Le Château se dresse sur une sorte de promontoire détaché de la Chaîne des Vosges et dominant la plaine. Le sommet de la montagne est entièrement occupé par le Château et sa triple enceinte.

Station Sélestat de la ligne Strasbourg-Bâle.

Service d'auto-cars de la Route des Vosges, circuit Sélestat-Colmar.

Service d'auto-cars depuis Sélestat pendant la saison. Prix 10 f. Automobiles particulières à la gare.

Pour se rendre à pied, descendre à St-Hippolyte, station de la ligne Strasbourg-Bâle, environ 2 heures ; ou depuis la Vancelle, ligne Sélestat-Sainte-Marie-aux-Mines.

Hôtel du Haut-Kœnigsbourg (alt. 571 m.), propr. Emile Buckel, 30 lits depuis 10 à 16 fr., petit déjeûner 3 fr. 50, déjeûner et diner 12 fr. 50, pension 28 à 32 frs.

Hôtel Schaenzel propr. Aug. Fohrer, 31 lits, de 10 à 11 fr., petit déjeûner 3 fr. 50, déjeûner et diner 12 fr. 50, pension 28 à 34 fr. Saint-Hippolyte n° 1.

HEILIGENSTEIN (alt. 280 m.) Village protestant avec un joli Hôtel-de-Ville ; vin blanc très réputé.

Station Barr (à 2 k. 5) de la ligne Sélestat-Molsheim.

Hôtel Heywang, propr. A. Heywang, 25 lits de 7.50 à 20 fr., petit déjeûner 2 fr. 50, déjeûner et diner à partir de 10 fr., pension à partir de 25 fr. 91 par Barr. EC

HOCHFELDEN (alt. 130 m.). Petite ville de 2.814 habitants sur la ligne Strasbourg-Sarrebourg.

Hôtel du Cygne, propr. Victor Schmitt, 12 lits de 5 à 8 fr., petit déjeûner 2 fr. 50, déjeûner 5 fr., diner 7 fr., pension de 15 à 20 fr.

Hôtel des Deux Clefs, propr. Georges Daull, 22 lits de 6 à 10 fr., petit déjeûner 2 fr. 50, déjeûner et diner 7 fr., pension de 16 à 20 fr.

Encouragez le Tourisme qui est une source de richesse pour la France entière.

HOHWALD (alt. 600 m.). La Perle des Vosges. Village de 650 habitants, aux maisons disséminées dans un large bassin de prairies que traverse le ruisseau d'Andlau et qu'entourent des montagnes revêtues de forêts magnifiques. Eglise catholique, temple protestant. Sports d'hiver.

Station Barr de la ligne Sélestat-Molsheim.

Service régulier d'automobiles depuis Barr plusieurs fois par jour. Montée 5 fr., descente 5 fr.
Service d'auto-cars de la Route des Vosges, circuit Strasbourg-Hohwald-Ste-Odile-Strasbourg et Strasbourg-Sélestat.

Grand-Hôtel et Bains Hohwald, gérant Charles Lutz, **200** lits de 8 à 20 fr., petit déjeûner 4 à 5 fr., repas 12 à 15 fr., pension 35 à 50 fr. Printemps et automne prix réduits. 3. EC

Hôtel Beau-Séjour, propr. Louis Ledig, 30 lits à partir de 6 fr., pet. déj. 2 fr., déj. 8 à 12 fr., diner 6 à 7 fr., pens. 20 à 25 fr.

Hôtel Marchal, propr. Aug. Marchal, 50 lits de 8 à 10 fr., petit déjeûner 2 fr., déjeûner 6 à 12 fr., diner 6 fr., pension 25 fr. 10.

Hôtel Stauffer, prop. Charles Stauffer, 50 lits depuis 7 fr., petit déjeûner 2 fr. 50, déjeûner et diner 8 à 14 fr., pension 25 fr. 5.

Pension au Beau Cerisier, propr. Vve Donat, 20 lits dep. 7 fr., petit déjeûner 2 fr. 50, repas 8 à 10 fr., pension 25 à 28 fr.

Pension Grevis, propr. Hippolyte Grevis, 20 lits à partir de 8 fr., petit déj. 2 fr. 50, déj. 8 fr., diner 4 fr., pension 22 fr.

INGWILLER (alt. 190 m.). Petite ville de 2.440 habitants sur la Moder. Débris d'une enceinte fortifiée élevée par l'empereur Louis de Bavière en 1340.

Service d'auto-cars pour Niederbronn 2 fois par jour.

Station de la ligne Strasbourg-Sarreguemines et Bouxwiller-Ingwiller.

Hôtel de l'Agneau, propr. Albert Roth, 30 lits de 7 à 8 fr., petit déj. 2 fr. 50, repas 8 à 12 fr., pension de 16 à 20 fr. 34.

JÆGERTHAL (alt. 280 m.) Petit hameau dans la vallée pittoresque du Schwarzbach, à laquelle il donne son nom.

Station Niederbronn de la ligne Haguenau-Bitche à 1 heure.

Hôtel du Jægerthal, prop. Oscar Fischer, 18 lits dep. 4 fr., petit déj. 2 fr. 50, repas 8 fr. 50, pension 20 fr.

KLINGENTHAL (alt. 231 m.) Hameau dépendant de Bœrsch.

Station Ottrott de la ligne Rosheim-Ottrott à 8 km.

LABROQUE (alt. 314 m.).   Commune située à 500 mètres de
Schirmeck.

Station:Schirmeck de la ligne Strasbourg-Saales.

*Loueurs de voitures C. Charlier, E. Florence, L. Brice.
à Schirmeck.*

Hôtel de France, propr. Georges Heybeger, 22 lits de 5 à 7 fr.,
petit déjeûner 2 fr. 50, repas 6 et 8 fr., pension 24 fr. 🚗 99.

LA PETITE-PIERRE (alt. 339 m.).   Petite place forte sur la route
de Sarreguemines à Haguenau dans une position très pittoresque, sur la crête des Vosges, au milieu d'une région
magnifiquement boisée.

Station Ingwiller de la ligne Strasbourg-Sarreguemines.

*Service automobile d'Ingwiller plusieurs fois par
jour. Prix 5 fr. 50.*

Hôtel des Vosges, ancien¹ *Hôtel Mélin*, propr. Emile
Ludmann, 20 lits de 5 à 8 fr., petit déj. 3 fr., repas 7 fr. 50 à
10 fr., pension 20 à 25 fr.   🚗 5.

Hôtel des Trois Roses, prop. Charles Geyer, 10 lits de 3 à
6 fr., petit déj. 2 fr., repas 5 à 8 fr., pension 16 à 20 fr. EC.

LAUTERBOURG (alt. 110 m.)   Ville de 1800 habitants, bâtie sur
une hauteur baignée par la Lauter, à 3 km. du confluent de
cette rivière avec le Rhin. Lauterbourg possède un port sur
le Rhin qu'une voie de chemin de fer relie à la ville.

Station de la ligne Lauterbourg-Strasbourg.

Hôtel du Bœuf, prop. Léon Schneider, 17 lits de 7 à 10 fr.,
pet. déj. 3 fr., repas 7 à 12 fr., pension 15 à 20 fr. 🚗 7.

LA VANCELLE (Station) (alt. 227 m.).   C'est de la station de La
Vancelle que part le meilleur chemin de piétons pour le
Haut-Kœnigsbourg : 1 h. 30.

Station de la ligne Sélestat-Sainte-Marie-aux-Mines.

Hôtel Danielsrain propr.   Ch. Frantz, 20 lits de 8 à 10 fr.,
petit déj. 2 fr. 75, déj. et diner 9 fr., pension de 25 à 28 fr.

LA VANCELLE (Village) (alt. 525 m.)   Hameau situé dans une
clairière à une heure de la station du même nom, au pied du
Chalmont.

Station La Vancelle de la ligne Sélestat-Sainte-Marie-aux-Mines. (Voir ci-dessus).

*Service d'auto-cars entre La Vancelle gare et La Vancelle village, en été à partir du 1ᵉʳ mai 3 fois par jour le
dimanche et les jours fériés. Autos sur demande, s'adresser à l'Hôtel Concordia.*

Station Lièpvre de la ligne Sélestat-Sainte-Marie-aux-Mines,
à 30 minutes.

Hôtel Concordia, propr. Georges Wenger, 28 lits depuis
10 fr., petit déjeûner 3 fr., déjeûner 10 fr., diner 12 fr., pension
depuis 24 fr.   🚗 par Sélestat.

LEMBACH (alt. 190 m.). 1500 habitants, centre d'excursions, dans une charmante situation, sur les 2 rives de la Sauer.

Station Terminus de la ligne Walbourg-Lembach.

Service d'auto-cars de la Route des Vosges, circuit Strasbourg-Niederbronn-Lac de Hanau-Strasbourg.

LICHTENBERG (alt. 415 m.). Village de 690 habitants dominé par le Château-fort de Lichtenberg.

Station Ingwiller de la ligne Strasbourg-Sarreguemines, à 8 km.

LIEBFRAUENTHAL (al. 180 m.) Petite station d'été dans une agréable situation au pied du Liebfrauenberg.

Station de la ligne Haguenau-Lembach.

Hôtel Liebfrauenthal, prop. Fr. Jacquelot, 20 lits de 8 à 10 fr., petit déj. 3 fr.. repas de 9 fr., pension de 25 à 30 fr. Wœrth 15.

LUTZELHOUSE (alt. 254 m.). Premier village de la Vallée de la Bruche, où avant 1918 le français était parlé.

Station de la ligne Strasbourg-Saâles.

Hôtel Schmitt, prop. Joseph Schmitt, 8 lits dep. 6 fr., pet. déj. 2 fr., déj. 9 fr., dîner 8 fr.. pension dep. 25 fr.

MARCKOLSHEIM (alt. 162 m.) 2.109 habitants, près du canal du Rhône au Rhin, à 4 km. environ de la rive gauche du Rhin.

Service automobile deux fois par jour pour Sélestat. Prix 3 fr. 50.

Terminus de la ligne secondaire Colmar-Markolsheim.
Terminus de la ligne desservie par les Tramways Strasbourgeois Strasbourg-Markolsheim (dép. Strasbourg, gare locale).

Hôtel de l'Aigle. prop. Joseph Spiegel, 12 lits dep. 5 fr., pet. déj. 2 fr., repas depuis 5 fr.. pension 15 fr.

Hôtel Miss. propr,, René Miss, 12 lits de 5 à 12 fr., petit déjeûner 2 fr. 50 ; déjeûner et dîner depuis 6 francs, pension à débattre. 4.

MARMOUTIERS (alt. 240 m.). Célèbre par son abbaye de Bénédictins datant du 17ᵉ siècle et par l'Eglise du 11ᵉ siécle et du 17ᵉ, une des plus belles de l'Alsace.

Station de la ligne Molsheim-Saverne.

MOLSHEIM (alt. 176 m.). Ville pittoresque aux anciens remparts du Moyen Age, située au centre de vignobles réputés.

Station des lignes Strasbourg-Saales et Sélestat-Saverne.

Hôtel de la Charrue, prop. Albert Schneider, 10 lits à 7 f.,

petit déj. 2 fr. 80, repas depuis 8 fr. 50, pension 18 et 22 fr.
🚂 36.

    Hôtel de la Gare, propr. Aug. Heim ; 10 lits à 8 fr.,
petit déjeûner 3 fr., déjeûner et dîner 7 à 10 fr., pas de pension.
🚂 11.

MORSBRONN (alt. 175 m.). Célèbre par la fameuse charge des
cuirassiers improprement appelée charge de Reichshoffen.
Eaux thermales dont la composition se rapproche de celle
des sources de Baden et Wiesbaden efficace dans le traitement du rhumatisme et de la goutte.

    Station de la ligne Walbourg-Lembach.

    Bain Thermal de Morsbronn, Société par actions, 120 lits
dep. 15 fr., petit déjeûner 3 fr., repas 12 fr., pension dep. 35 fr.
🚂 Wœrth N· 11. 🎬 EC

MUTZIG (alt. 118 m.) Petite ville de 3200 habitants sur la rive
gauche de la Bruche, dominée par une colline de grès vosgien escarpée et rocheuse par endroits.

    Station de la ligne Strasbourg-Rothau.

    Hôtel Felsbourg, prop. Alphonse Loewert, 20 lits de 8 à
10 fr., pet. déj. 2 fr. 75, repas de 9 à 12 fr., pension de 20 à 30 fr.

NEUVILLER-LA-ROCHE (alt. 545 m.) Village du Ban-de-la-Roche,
à 3 km. de Rothau, sur la rive gauche de la Rothaine.

    Station Rothau de la ligne Strasbourg-Saales.

    Loueurs de voitures à Rothau : J. Bapst et P. Claude.

    Pension Idoux, prop. Charles Idoux, 15 lits à 8 fr., petit
déj. 3 fr. 50, déj. de 10 à 15 fr., dîner de 8 à 12 fr., pension
22 fr. 50.

NEUVILLER-LÈS-SAVERNE (alt. 205 m.) Petite ville au pied des
ruines du Château de Herrenstein.

    Station de la ligne Saverne-Haguenau.

    Hôtel du Chasseur, prop. Albert Bauer, 6 lits de 5 à 8 f.,
petit déj. 2 f., repas 6 f., pension 17 à 22 fr.

NIEDERBRONN-les-BAINS (alt. 200 m.). Jolie petite ville de
3.300 habitants, station balnéaire fréquentée, bon séjour climatique, au pied des Basses-Vosges, à l'entrée du charmant
vallon de Falkenstein, resserré entre deux lignes de hautes
collines boisées. Eaux chlorurées sodiques. Etablissement
de bains minéraux. Casino municipal.

    Tous renseignements au Syndicat d'Initiative, au Square
des Eaux.

    Station de la ligne de Haguenau-Sarreguemines.

    Trains directs Strasbourg-Niederbronn pendant toute la
saison.

    *Service d'auto-cars de la Route des Vosges, circuit
Strasbourg-Niederbronn-Lac de Hanau-Strasbourg*

    *Service d'auto-cars pour Ingwiller plusieurs fois par
jour.*

Hôtel de la Chaîne d'Or, propr. J. Ph. Jund, 25 lits de 6 à 10 fr., petit déjeûner 2 fr., déjeûner 9 frs., diner 7 fr., pension 22 fr. 50.

Hôtel Dirié, prop. Dirié, 16 lits de 5 à 7 fr., pet. déj. 2 fr., repas de 5 à 7 fr., pension 20 fr.

Hôtel des 2 Clefs, chambre et pension depuis 16 fr.

Restaurant de la Gare, propr. Fr. Muller, chambre et pension dep. 20 fr.

Hôtel du Lion d'Or, propr. Sigounez, 40 lits de 6 à 8 fr., petit déj. 3 f., déj. et diner de 7 à 9 fr. pension 22 à 25 fr. 72.

Hôtel Matthis, prop. Auguste Hueber, 70 lits de 10 à 15 fr. petit déj. 3 fr., déj. et diner 12 fr., pension 30 à 35 fr. 10.

Hôtel de la Rose, propr. Hagelberger-Kuntz, chambre et pension depuis 20 fr.

Hôtel Weissler, prop. René Zénig, 40 lits de 6 à 9 fr., petit déjeûner 2 fr. 50, repas de 7 à 10 f., pension de 24 à 30 fr. 4.

Pensions de famille, *Villa Koch. - Maison Lincker. Maison Weber.*

Villas et appartements meublés avec cuisine, *Villa Bauer ; Villa Fichter ; Maison Dammeron ; Villa Klein ; Villa Lunig ; Maison Sigler ; Maison Gangloff ; Maison Schneider.*

NIEDERHASLACH (alt. 255 m.). **Agréable centre d'excursions dans la vallée de la Hasel. Eglise gothique remarquable.**

Station Urmatt de la ligne Strasbourg-Saales, Service de voitures pour Urmatt.

Hôtel-Restaurant de la Pomme d'Or, prop. Charles Abelhauser, 15 lits de 6 à 8 fr., petit déjeûner 2 fr. 50, repas 8 à 10 fr., pension 16 à 18 fr.

OBERBRONN (alt. 300 m.). **Petite localité avec Château du XVI siècle transformé en couvent, jolie maison Renaissance, 1300 habitants.**

Station Niederbronn de la ligne Haguenau-Sarreguemines (à 3 km).

Service d'automobile plusieurs fois par jour
Loueurs de voitures à Oberbronn, **P. Ott, fils, Heitzmann, Fuss, etc,**

Hôtel du Cerf, fondé en 1751, propr. Alfred Muller, 25 lits de 5 à 7 fr., petit déjeûner 2 fr. 50, déjeûner 6.50 à 8 fr., diner depuis 6 fr. 50, pension depuis 20 fr.

Hôtel du Soleil d'Or, prop. Michel Busbois, 14 lits de 5 à 6 fr., petit déj. 2 fr. 50, repas 5.50 à 8 fr., pension 16 à 18 fr.

Visitez les Vosges au printemps. La verdure est plus belle, les panoramas sont plus nets, les hôtels sont moins encombrés.

OBERHOF (alt. 190 m.) Petite agglomération dans la vallée de Zinzel au milieu de belles forêts.

Station Dossenheim à 7 km. 4 de la ligne Saverne-Roeschwoog.

Hôtel Mathis, prop. Jacques Knecht, 30 lits de 6 à 12 fr., petit déj. 3 francs, repas de 8 à 12 fr., pension de 24 à 26 fr.

🚌 par Saverne.

OBERNAI (alt. 181 m.). Ville natale de sainte Odile, entourée d'anciennes fortifications. D'un charme pittoresque par sa situation au pied du mont Ste-Odile et ses rues et ses maisons moyennageuses. 3.782 habitants. Centre d'excursions adossé aux belles montagnes des Vosges couvertes de sapins. Riches prairies et champs de culture.

Tous renseignements au Syndicat d'Initiative à la Mairie.

Station de la ligne Sélestat-Molsheim, à Molsheim correspondance avec les trains de Strasbourg.

Service d'auto-cars de la route des Vosges, circuit Strasbourg-Ste-Odile-Strasbourg.

Service d'auto-cars pour Ste-Odile tous les jours. Simple course 8 fr. — Aller et retour 12 fr.

Hôtel du Coq Blanc, prop. Aug. Schmitt. 10 lits de 8 à 10 fr., petit déj. 2 f. 60, déj. et dîner 8 et 10 f., pension 24 f. 🚌 16

Hôtel de la Couronne, prop. Val. Dubs, 16 lits dep. 8 fr., petit déj. 2 fr. 50, déj. et dîner 8 à 10 fr., pension depuis 25 fr. 🚌 59.

Hôtel de la Cloche, prop. Meder-Kehr, 10 lits de 8 à 10 fr., déj. 2 fr. 50, déj. et dîner 8 à 10 fr., pension 24 fr. 🚌 29.

Hôtel du Clos Ste-Odile, prop. Pierre Weissenburger, 24 chambres depuis 10 fr., petit déjeûner 2 f. 50, déjeûner 10 f., dîner depuis 8 fr., pension depuis 30 fr. 🚌 55. ℡ ☒.

Hôtel des Touristes, propr. Louis Charpentier, 14 lits depuis 6 fr., petit déjeûner 2 fr., déjeûner et dîner 6 francs, pension 22 fr. 🚌 39.

Hôtel des Vosges, prop. Guntz-Muller, 16 lits de 8 à 10 fr., petit déj. 2 fr. 50, repas 8 fr. 50, pas de pension pendant la saison. 🚌 40 ☒

OBER STEINBACH (alt. 250 m.). Village pittoresquement situé sur le Steinbach, très fréquenté en été par des peintres.

Station Lembach à 11 km. (terminus de la ligne Walbourg-Lembach).

Loueur de voitures à Lembach : G. Goëry.

Service d'auto-car de la Route des Vosges, circuit Strasbourg-Niederbronn-Lac de Hanau-Strasbourg.

OTTROTT (alt. 242 m.) Centre d'excursion au pied du Mont Sainte-Odile.

Terminus de la ligne secondaire Rosheim-Ottrott.

Service d'auto-cars de la route des Vosges, circuit Strasbourg-Ste-Odile-Strasbourg.

REICHSHOFFEN (alt. 179 m.). Joliment situé dans la vallée de Falkenstein. Les cuirassiers dits de Reichshoffen qui ont rendu célèbre le nom de ce bourg ont en réalité accompli leur charge légendaire à 6 km de là près de Morsbronn.

Station de la ligne Haguenau-Sarreguemines.

Service d'auto-cars de la route des Vosges, circuit Strasbourg-Niederbronn-Lac de Hanau-Strasbourg.

Hôtel A l'Ange d'Or, propr, G. Klein, 7 lits depuis 6 fr., petit déjeûner 2 fr. 50, déjeûner et dîner 5 et 6 fr. 50, pension 16 et 20 fr.

Hôtel du Commerce, propr. Emile Jung, 7 lits de 7 à 10 fr., petit déjeûner 2 fr. 50, déjeûner et dîner 5 fr. 50 à 10 fr., pension 22 à 26 fr.

Hôtel Sandrin, propr. Joseph Sandrin, 8 lits de 5 à 8 fr., petit déjeûner 2 à 3 fr., déjeûner et dîner de 6 à 8 fr. 50, pension de 16 à 20 fr.

ROMANSWILLER (alt. 233 m.). Sur la Mossig.

Station de la ligne Molsheim-Saverne qui dessert Wangenbourg à 9 km.

Service de correspondance entre Romanswiller et Wangenbourg plusieurs fois par jour. Prix 5 fr.

ROTHAU (alt. 338 m.). Bourg de 1.800 habitants sur la rive droite de la Bruche, au confluent de la Rothaine. Temple protestant.

Station de la ligne Strasbourg-Saales.

Hôtel des Deux Clefs, propr. Ch. Gluntz, 25 lits depuis 6 fr., petit déjeûner 2 fr.25, déjeûner depuis 6 fr., dîner 8 fr. 50, pension depuis 18 fr. 🚗 25.

ROTLACH (la) (alt. 953 m.) Station Rothau de la ligne Strasbourg-Saales (à 3 h. 30). Poste Hohwald, à 45 minutes.

Maison Forestière, quelques chambres avec pension.

SAALES (alt. 555 m.). Bourg de 1.171 habitants à l'origine de la vallée de la Bruche dont la branche principale descend du Climont.

Terminus de la ligne Strasbourg-Saâles.

Service automobile 4 fois par jour pour Saint-Dié. Prix: 6 fr. 50.

Hôtel de la Gare, propr. Auguste Jost, 22 lits de 6 à 10 fr., petit déj. 2 fr., déj. et dîner 6 à 8 fr., pension 18 à 20 fr.

Hôtel Mazeran, propr. G. Mazeran, 21 lits de 7 à 10 fr., petit déj. 2 fr. 50, repas 9 fr., pension 25 à 30 fr. 🚗 2. ⌧ ⌧

SAINT-BLAISE (alt. 424 m.) Sur le Raurupt, près de son confluent avec la Bruche.

Station Saint-Blaise-Pontay, de la ligne Strasbourg-Saales.

Service automobile pour Senones plusieurs fois par jour. Prix 5 fr.

Hôtel de la Gare, propr. Alfred Strasbach, 10 lits de 4 à 6 fr., petit déj. 2 fr. 50, repas de 5 à 7 fr., pension de 15 à 18 fr.

SAINTE-ODILE (alt. 762 m.). Couvent bâti dans une admirable situation (vaste panorama) sur une montagne boisée aux pentes très abruptes, s'avançant en promontoire au-dessus de la Plaine d'Alsace qu'elle domine à une grande hauteur.

Station Ottrott de la ligne secondaire Rosheim-Ottrott à 10 km.
Station Obernai de la ligne Molsheim-Sélestat à 15 km.
Station Barr de la ligne Molsheim-Sélestat à 13 km.

1) En train de Strasbourg à Saint-Nabor par Rosheim et de là à pied, environ 1 heure 1/2. — *2)* En train de Strasbourg à Obernai par Molsheim, là, tous les jours pendant la saison, le service suivant :

Service régulier d'auto-cars depuis Barr, deux fois par jour. Montée 6 f., descente 4 f.
Service régulier d'auto-car depuis Obernai correspondant au train partant de Strasbourg vers 9 heures, simple course 8 fr. ; aller et retour 18 fr. Service d'auto-car de la Route des Vosges, circuit Strasbourg-Hohwald-Ste-Odile-Strasbourg et Strasbourg-Sélestat.
Autos particulières à Obernai : M. Haeringer. Tél. n° 8. Prix : 45 fr., et A. Schmitt, Tél. 16. — Autos particulières à Ottrott : Ch. Blanck ; prix : 45 fr.

Hôtel du Couvent, tenu par des religieuses, 150 lits de 8 à 10 fr., petit déj. 3 fr. 50, déj. 10 fr., dîner 9 fr., pension 26 à 30 francs. ☎. Ouvert du 1er avril au 31 octobre.

SALM (alt. 809 m.). Station d'été à quelques minutes du Château de Salm.

Station Rothau de la ligne Strasbourg-Saâles, distance 1 heure 1/2.

SARRE-UNION (alt. 212 m.) Petite ville formée de deux bourgs réunis par un pont sur la Sarre.
Station de la ligne Sarrebourg-Sarreguemines.

Hôtel du Grand Cerf, propr. Vve E. Wagner. 15 lits de 5 à 7 fr., petit déjeuner 2 fr. 50, déjeuner 7 fr. 50, dîner 8 fr. 50, pension de 22 à 25 fr. ☎ 1.

SAVERNE (alt. 206 m.). Ville de 8.090 habitants, occupe une position charmante au débouché de la Zorn dans la grande plaine d'Alsace, sur le canal de la Marne au Rhin et au pied d'un contrefort des Vosges qui l'encadre dans un admirable fond de hautes forêts. Ses environs se recommandent par des paysages pittoresques par les grandes ruines de plusieurs châteaux féodaux, qui offrent des buts d'excursion nombreux et variés.

Tous renseignements au Syndicat d'Initiative à la Mairie.

Station de la ligne Strasbourg-Sarrebourg-Paris.

Terminus des lignes Saverne-Haguenau et Saverne-Molsheim.

Hôtel du Bœuf-Noir, propr. Emile Schaeffner, 25 lits de 6 à 8 fr., petit déj. 2 fr., repas 5.50 à 7 fr.50 , pension 20 à 22 fr. 121.

Hôtel Hirsch-Bloch, propr. Samuel Hirsch, (isr.), 5 lits depuis 6 fr., petit déjeuner 2 fr., déjeuner et dîner de 6 à 8 fr., pension 18 à 20 fr.

Hôtel de la Gare, propr. Charles Fischer, 24 lits de 7 à 8 fr., petit déjeuner 2 fr. 50, repas 8 fr. 50, pension 25 fr. 73. EC

Hôtel de la Poste, propr. Jos. Bœhm. 6 lits de 7 à 8 fr., petit déj. 2 fr. 50, repas 6 fr., pension 22 fr. 145.

Hôtel du Saumon, propr. Robert Bierlein, 22 lits de 7 à 9 fr., petit déjeuner 2 fr. 50, déjeuner et dîner 9 fr., pension 22 à 26 fr., boisson comprise. 83. EC

Hôtel des Vosges, propr. Hug, 10 lits de 6 à 8 fr., petit déj. 2 fr. 50, repas de 5 à 8 fr., pension depuis 25 fr. 120. EC

SCHAFLAEGER (alt. 500 m.) Maison isolée à 20 minutes du Haut-Kœnigsbourg.

Station Saint-Hippolyte (Haut-Rhin).

Restaurant Forestier, propr. Emile Reithler, 6 lits de 6 à 10 fr., petit déj. 3 fr., repas 10 fr., pension de 25 à 30 fr.

SCHARRACHBERGHEIM (alt. 316 m.). Village de 600 habitants, dominé par la colline du Scharrachberg, à 6 km. au nord de Molsheim.

Station de la ligne Molsheim-Saverne.

SCHIRMECK (alt. 314 m.). Station d'été et localité industrielle, sur la rive droite de la Bruche, formant avec La Broque une agglomération de 3.250 habitants, situé à proximité de belles forêts en face du confluent du ruisseau de Grandfontaine qui descend du Donon.

Station de la ligne Strasbourg-Saales.

Service automobile pour Raon-sur-Plaine par la Plate-forme du Donon pendant la saison. Prix 5 fr.

Hôtel Vogt, en face de la Gare. propr. Auguste Vogt, 30 lits de 8 à 10 fr., petit déj. 2 fr. 50, déj. 10 fr., dîner 10 fr., pension depuis 25 fr. 13.

SÉLESTAT (alt. 176 m.). Chef-lieu d'arrondissement. Ville de 10.000 habitants, ancienne place de guerre, dans la plaine d'Alsace, à l'intersection des routes de Strasbourg à Lyon par Colmar et de Neuf-Brisach à Nancy par Sainte-Marie-aux-Mines. Le vieux Sélestat, irrégulièrement bâti, avec ses rues étroites et mal alignées, contraste avec les quartiers neufs.

Station de la ligne Strasbourg-Bâle.

Service d'auto-cars de la Route des Vosges, circuits Sélestat-Strasbourg et Sélestat-Colmar.

Service automobile pour Markolsheim plusieurs fois par jour. Prix 3 fr. 50.

Pendant la saison, service d'automobile pour le Haut-Kœnigsbourg. Prix 10 fr.

Hôtel de l'Agneau Noir, propr. Vve Paul Eblé, 16 lits de 8 à 10 fr., petit déjeûner 3 fr., déjeûner et dîner 9 fr., pension 26 fr.

Hôtel de la Gare, propr. Henri Gaub, 20 lits de 7 à 8 fr., petit déj. 3 fr., déj. 6 à 9 fr., dîner 6 à 12 fr., pension depuis 22 fr.

Hôtel Hanser, propr. E. Krencker, 30 lits de 8 à 12 fr., petit déj. 3 fr., repas 10 fr., pension de 25 à 30 francs.

Hôtel du Miroir, propr. Ad. Bleger, 12 lits de 5 à 7 francs, petit déjeûner 2 fr. 50, repas 6 à 10 fr., pension 15 à 18 fr.

SOULTZ-SOUS-FORÊTS (alt. 150 m.). A proximité de l'ancien Champ de bataille de Wœrth et de Frœschwiller.

Station de la ligne Haguenau-Wissembourg.

STAMBACH (alt. 210 m.). Dans un joli site à 4 km. de Saverne, très fréquenté en été.

Station de la ligne Strasbourg-Sarrebourg.

Hôtel-Pension de la Gare, A la Fameuse Truite, propr. Joseph Heitz, 35 lits de 5 à 12 f., petit déj. 3 f., déj. 7.50 à 20 f., dîner 10 fr., pension 25 à 30 fr.

Hôtel des Vosges, prop. Théodore Gœtzmann, 40 lits de 8 à 10 fr., petit déj. 3 fr. 50, repas 10 et 14 fr., pension 28 à 32 fr.

STRASBOURG (alt. 143 m.). Chef-lieu du Département du Bas-Rhin, siège d'un évêché et d'une université. Belle ville de 166.800 habitants. Située dans la large plaine d'Alsace, à 4 kil. de la rive gauche du Rhin, la ville est traversée par l'Ill. Le Strasbourg d'avant 1870 a une physionomie originale et un cachet particulier que lui donnent ses vieilles rues étroites et tortueuses, ses maisons anciennes, ses pignons dentelés groupés autour de la merveilleuse cathédrale. Autour de l'ancienne ville s'étendent les faubourgs et un somptueux quartier moderne aux avenues larges, bien tracées, bordées d'hôtels particuliers, de palais et d'édifices publics aux proportions monumentales.

Tous renseignements au Syndicat d'Initiative, Hôtel de Ville, 9, rue Brûlée.

Service d'auto-cars de la Route des Vosges (voir détails dos de la couverture)

Hôtel de Bâle, place d'Austerlitz, prop. Joseph Bruder, 7 lits, à 7 fr., déjeûner 6 fr. 50, dîner 5 fr. 50. 5827

Hôtel Bristol et Diebold, 4-5, place de la Gare, propr. Ernest Freysz, 75 lits de 14 à 20 fr., repas 15 francs. 4907. EC

Hôtel de Bruxelles, 13, rue Kuhn, prop. Aug. Urban, 40, lits de 8 à 12 fr., déjeûner et dîner 7 et 10 fr. 75.

Hôtel Carlton, Grillroom Gœtz, 15 place de la Gare, prop. E. Gœtz, 80 lits de 15 à 20 fr. déj. 15 fr. dîner 15 et 18 fr. 830. EC

Hôtel de la Couronne, propr. A. Obrecht, 26, faubourg de Saverne, 60 lits de 10 à 16 fr., déj. 9 fr., dîner 10 fr. 4493.

Hôtel de la Couronne d'Or, 28-30, Vieux-Marché-aux-Vins, prop. G. Kugler, 15 lits de 8 à 12 fr., repas 7.50 et 10 fr. 4106.

Hôtel de la Croix Bleue, 24-26, faubourg National, propr. Société Evangélique, 100 lits de 6 fr. à 10 fr., déjeûner 4 fr. 30 dîner 3 fr. 80 785.

Grand Hôtel Europe-Vignette, 38-40, fossé des Tanneurs, propr. Pierre Diebold, 84 lits de 10 à 18 fr., déj. 10 fr., dîner 12 fr. 906. EC

Grand Hôtel Excelsior, 2 place de la Gare, prop. Albert Diebold, 110 lits de 10 à 25 fr., déj. 12 fr., dîner 15 fr. 2318. EC

Hôtel de France, 2, rue de l'Eglise, prop. E. Burger, 70 lits, de 10 à 25 fr., déjeûner 13 fr. dîner 14 fr. 379. EC

Hôtel Hannong, 13, rue du 22-Novembre, propr. Horn Frères, 100 lits de 10 à 15 fr., pas de restaurant. 2440. EC

Hôtel de l'Hommelet Rouge, 2, Quai des Bateliers, prop. Lucien Schmitt, 12 lits depuis 6 fr., déjeûner et dîner 7 et 10 fr. 2917.

Hôtel de la Maison Rouge, 22, place Kléber, directeur A. Weber, 175 lits de 18 à 35 fr., petit déj. 5 fr. déj. et dîner à la carte. Prix fixe au grill 18 fr. 122 et 619. EC

Hôtel Moderne, 1, quai de Paris, propr. H. Birckel, 70 lits depuis 7 fr. 50., pas de restaurant. 710. EC

Hôtel Monopole-Métropole, 16, rue Kuhn, propr. Jos. Merckel 80 lits de 8 à 12 fr., repas 6 fr. 50 et 9 fr. 50 699.

Hôtel de Nancy, 8, petite rue de la Course, propr. Fréd. Mutschler, 30 lits de 6 à 12 f., déj. et dîn. 6.50 à 8 f. 50 3436.

Hôtel National, place de la Gare, prop. Société Immobilière et Hôtelière de France, 120 lits de 15 à 35 fr., petit déj. 5 fr., déj. 16 fr., dîner 18 fr. 109. EC

Hôtel Pfeiffer, 12, place de la Gare, prop. E. D. Wirtz, 125 lits de 10 à 16 fr., repas 7.50 et 10 fr. 171. et 4860 EC

Hôtel de la Poste, 5, rue du Maire-Kuss, propr. Paul Giénal, 150 lits, de 9 à 15 fr., déjeûner et dîner 7 et 10 fr. 3995. EC

Hôtel du Raisin, 7, boulevard du Président-Wilson, propr. Georges Hesslœhl 18 lits de 7 à 8 fr., repas 7 et 8 f. 50. 2521.

Hôtel du Rhin, propr. Blum et Baumann. 7, place de la Gare, 83 lits de 8 à 14 fr., déjeûner et diner 8 à 10 fr. ☎ 1375. ⌧

Hôtel Royal, 3, rue du Maire-Kuss, propr. Paul Burger, 70 lits de 10 à 15 fr., pas de restaurant. ☎ 731. ⌧

Hôtel de Savoie, 7, rue de Zurich, prop. Dobelé, 40 lits, de 7 à 15 fr., déjeuner et diner 5 à 8 fr. ☎ 1627 ⌧

Hôtel Suisse, Neudorf, prop. Charles Walter, 8 lits de 8 à 10 fr., déjeûner et diner de 5 à 8 fr. ☎ 353

Hôtel des Trois Etoiles, 6, rue du Maire-Kuss, 50 lits depuis 8 fr., déj. et diner 6 et 8 fr.

Hôtel Terminus, 10-11. place de la Gare, propr. Gruber et Cⁱᵉ, 120 lits, de 10 à 15 fr., déjeûner 12 et 14 fr., diner 14 fr. ☎ 67 et 4891. ⌧

Hôtel de l'Union, 8, quai Kellermann, propr. Aug. Krencker, 90 lits de 10 à 20 fr., déjeûner 12 fr., diner 15 fr. ☎ 900. ⌧ ℀

Hôtel Victoria, 7-9, rue du Maire-Kuss, propr. Eugène Ajoux, 55 lits de 8 à 20 fr., repas 7 et 9 fr. ☎ 1484 ⌧

Hôtel de la Ville de Paris, 13, rue de la Mésange, prop. E. Hampelé, 120 lits de 15 à 35 fr., déjeûner 16 fr., diner 18 fr. ☎ 0.64 ⌧ ℀

Hôtel des Vosges, 3, place de la Gare, propr. Charles Heili, 30 lits depuis 10 fr., repas 10 fr. ☎ 1353. ⌧ ℀

Pensions de Familles : *Pension Aurélie*, 8, rue Sainte-Aurélie, chambre et pension à partir de 25 fr. ☎ 1041. — *Pension des Bains*, 9, Boulevard de la Victoire, chambre et pension à partir de 16 fr. — *Pension de Famille Bossert*, 5, rue des Juifs, chambre et pension 25 fr. avec vin — *Pension Elisa*, 3, rue Goethe, 50 lits, pension 25 fr. ☎ 3.39 — *Pension Guillermo* 28, rue Wimpfeling, chambre et pension de 18 à 20 fr. ☎ 31.50. — *Pension Jehl*, 19, rue Schweighauser, chambre et pension de 16 à 22 fr. ☎ 22.32. — *Pension Marie-Louise*, 19, rue des Orphelins, chambre et pension à partir de 12 fr. 50. — *Pension Stéphanie*, 4, Allée de la Robertsau, chambre et pension 27 à 30 fr. ☎ 31.6 .

SUNDHAUSEN (alt. 160 m.). Belle vue sur le Kaiserstuhl.
Station de la ligne du tram à vapeur Strasbourg-Markolsheim. Terminus de la ligne Strasbourg-Sundhausen.

Hôtel de la Demi-Lune, prop, Alfred Truschel, 15 lits de 10 à 15 fr., petit déjeûner 3 fr., déjeûner et diner 8 à 20 fr., pension de 25 à 35 fr. ☎ 2.

URMATT (alt. 234 m.). Centre d'excursions.
Station de la ligne Strasbourg-Saales.

Hôtel de la Croix, propr. Louis Stoehr, 24 lits de 6 à 10 fr., petit déjeûner 2 fr. 50, déjeûner et diner 6 et 8 fr., pension depuis 18 fr.

VILLÉ (alt. 260 m.) Situé dans une vallée agreste entourée de hauts sapins, agréable centre d'excursions dans un large bassin au débouché de plusieurs vallons.

Terminus de la ligne Sélestat-Villé.

Service d'auto-cars de la route des Vosges, circuit Strasbourg-Sélestat.

Service automobile pour Saint-Dié 2 fois par jour. Prix 9 fr. 50.

WANGENBOURG (alt. 452 m.) Village de 250 habitants bâti sur une colline de grès vosgien que domine le Schneeberg, au milieu de grandes prairies et entouré de toute part par des forêts où le sapin domine. Par sa situation même, Wangenbourg est devenu une station d'été et un centre d'excursions très fréquenté.

Station Romanswiller de la ligne Molsheim-Saverne, à 9 k.

De Romanswiller courrier plusieurs fois par jour. Prix 3 fr. 50.

Hôtel Jérôme, prop. Jérôme Bixel, 15 lits de 5 à 8 fr., petit déj. 3 fr., déj. 9 fr. diner 7 fr. 50, pension 25 fr. 6.

Hôtel Schneeberg, propr. Lucien Fuchslock, 30 lits depuis 5 fr., petit déj. 2 fr., repas 5 à 10 fr., pension 22 fr. 3

Hôtel Wangenbourg, prop. Louis Gihr, 130 lits de 8 à 10 f., petit déj. 2 fr. 50, repas 10 et 12 fr., pension 28 à 32 fr. 2.

WASSELONNE (alt. 200 m.). Petite ville industrielle bâtie en amphithéâtre sur la rive gauche de la Mossig.

Station de la ligne Molsheim-Saverne.

WISSEMBOURG (alt. 158 m.) Ville de 5.125 habitants au pied des Basses-Vosges, sur la Lauter et sur les routes de Strasbourg et de Bitche à Landau près de la frontière du Palatinat. — Garnison. — Sous-Préfecture.

Terminus de la ligne Strasbourg-Wissembourg.

WŒRTH (alt. 168 m.) Petite ville de 1.070 habitants, sur la Sauer au confluent du Sultzbach. Visite des champs de bataille de 1870.

Station de la ligne Walbourg-Lembach.

Service d'auto-cars de la Route des Vosges, circuit Strasbourg-Niederbronn-Lac de Hanau-Strasbourg.

Hôtel de la Poste et du Cheval Blanc, prop. Troester, 30 lits de 8 à 10 fr., petit déj. 2 fr. 50, repas 10 fr., pension 20 à 25 fr. 12.

ZYBRINK (STRUTHOF) (alt. 710 m.) Plateau admirablement orienté. Pâturages et proximité de splendides forêts de sapins, à 1 h. 15 de Rothau. Sports d'hiver, skis, piste de luge.

Station Rothau de la ligne Strasbourg-Saâles.

Automobiles particulières à Schirmeck, Hôtel du Donon, *téléphone 11 et à l'Hôtel Struthof téléphone 49 (Schirmeck).*

Hôtel Struthof, prop. Edouard Idoux, 30 lits de 8 à 10 f., petit déjeûner 3 fr., déj. 12 fr., diner 10 fr., pension 25 à 28 fr. 49.

HAUT-RHIN

ALTKIRCH (alt. 291 m.).   Ville de 3.500 habitants, sous-Préfecture bâtie en amphithéâtre sur une colline au-dessus de la rive droite de l'Ill

Station de la ligne Mulhouse-Belfort et Altkirch-Ferrette

Hôtel du Cheval Blanc, propr. Médard Peter, 10 lits à 7 fr., petit déjeûner 2 fr. 50, déjeûner 8 fr. diner 7 fr., pension de 20 à 22 fr.

Hôtel de l'Ours Blanc, propr. Victor Witz, 9 lits de 7 à 8 fr.

Hôtel de la Victoire, propr. Charles Schmitt, 9 lits de 5 à 8 fr., petit déjeûner 2 fr., repas 8 fr., pension 15 à 18 fr. 🚗 63.

Hôtel Ville de Marseille, propr. Aloys Litzer, 10 lits de 6 à 12 fr., petit déj, 2 fr., repas 4.50 à 10 fr., pension 15 à 20 fr. 🚊

AMMERSCHWIHR (alt. 230 m.). Petite ville ancienne et pittoresque de 1.566 habitants sur le Waldbach, ayant conservé un cachet du moyen âge.

Station de la ligne Colmar-La Poutroie.

Service d'auto-cars de la Route des Vosges, circuit Sélestat-Colmar.

Hôtel de l'Arbre Vert, prop. Robert Probst, 9 lits de 6 à 8 francs. petit déj. 2 fr. 50 déj. 7 à 10 fr., diner de 5 à 7 fr. pension 18 à 20 fr.

Taverne Alsacienne, prop. Frick Meadele, 5 lits de 4 à 5 fr.

Hôtel Aux Armes de France, propr., Martin Gaertner. 14 lits de 4 à 6 fr., petit déjeûner 2 fr. déjeûner et diner 5 à 10 fr., pension 18 à 25 fr 🚗 12. Kaysersberg

AUBURE (alt. 800 m.). Village de 300 habitants aux maisons disséminées sur un grand plateau de pâturages et de forêts. Le plateau d'Aubure, gradin intermédiaire entre la plaine d'Alsace et la crête des Vosges est une station climatique de plus en plus fréquentée. L'air y est remarquablement pur et vif, grâce à l'orientation, à l'altitude et aux grandes forêts de sapin.

Station Ribeauvillé de la ligne de Strasbourg-Bâle.

Service automobile une fois par jour en hiver et deux fois en été de Ribeauvillé (gare du tramway) à Aubure : montée 8 fr., descente 6 fr.

Service d'auto-cars de la Route des Vosges, circuit Sélestat-Colmar.

Hôtel du Brézouard, propr. Riegert, 45 lits de 8 à 12 fr., petit déjeûner 3 fr. 50, déjeûner et diner 12 fr., pension 25 à 30 fr. ⚑ 2.

Hôtel Raffner, prop. Aug. Raffner, 30 lits depuis 6 fr., petit déjeûner 2 fr. 50, déjeûner 7 fr. 50, diner 6 fr., pension 16 à 18 fr.

BAERENHUTTE (alt. 684 m.) *Maison Forestière*, splendidement située, à 1 h. 1/2 de Ribeauvilé, sous la ruine de Bilstein.

Station Ribeauvillé de la ligne Strasbourg-Bâle.

Titulaire Walter garde forestier, ne prend pas de pensionnaires.

BERGHEIM (alt. 246 m.) Petite ville très ancienne au pied de hauts côteaux couverts de vignobles produisant un vin renommé. Fortification du XVᵉ siècle.

Station Ribeauvillé de la ligne Strasbourg-Bâle.

Service automobile entre la ville et la gare, prix 1 fr.

Hôtel-Restaurant du Cerf, prop. Camille Meyer, 7 lits de 5 à 10 fr., petit déj.2 fr. 50, déj. 6 à 7 fr., diner 5 à 6 fr., pension 13 à 15 fr. ⚑ 203

BERGHOLZZELL (alt. 275 m.) Eglise consacrée par le pape Léon IX. But de pélerinage.

Station Guebwiller à 4 kil.

Autobus et voitures à la Gare,

Hôtel-Sanatorium Hanauer, prop.. Charles Hanauer, 20 lits dep. 5 fr., petit déjeûner 2 fr., déjeûner et diner 6 à 8 fr., pension 24 fr. ⚑ Guebwiller 125. Etablissement Hydrothérapique.

BOLLWILLER (alt. 239 m.) 1200 habitants. Embranchement de Guebwiller et Lautenbach.

Station de la ligne Strasbourg-Bâle. Point de départ ligne Bollwiller-Lautenbach.

Café-Restaurant Rantz, propr. Ch. Salomon-Rantz, 5 lits 6 à 8 fr., petit déjeûner 2 fr. 50 repas 6 à 8 fr., pension 18 à 20 fr. ⚑ 1.

BREITENBACH (alt. 440 m.) Petit village de la vallée de Munster, centre d'excursions.

Station de la ligne Colmar-Metzeral.

Hôtel du Rendez-vous des Chasseurs, propr. Bug. Wehrlé. 14 lits de 5 à 7 fr., pet. déj. 2 ft. 50, repas 6 fr, pension 18 fr.

Pension de Famille, propr. Vve Hensinger, 5 lits, de 3 à 5 fr., petit déj. 2 fr. 50, repas 5 fr. 50, pension 16 à 18 fr. ⚑

BUHL (alt. 340 m.) Bourg industriel de 3400 habitants, sur la Lauch, en face du débouché du vallon de Murbach.

Station de la ligne Bollwiller-Lautenbach.

Hôtel Belle-Vue. propr. Vve Albert Koch, 5 lits à 5 fr., petit déjeûner 2 fr., déjeûner et diner 5 à 8 fr., pension de 12.50 à 15 fr. 195. par Guebwiller.

Hôtel-Ferme Rimlishof, à 15 minutes de la Gare, propr. Edmond Kientz, 18 lits à partir de 5 fr., petit déjeûner 2 fr. 50, déjeûner et diner à partir de 4 fr., pension 20 à 22 fr.

CHAMBRES A LOUER AVEC PENSION : Charles Bacher, 58, rue Florival, 3 chambres, 3 lits, pension.

CERNAY (alt. 301 m.) Petite ville industrielle de 5200 habitants sur la rive gauche de la Thur, au pied des premières pentes des Vosges. Accès très facile pour le Vieil Armand.

Station de la ligne Mulhouse-Kruth. Point de départ de la ligne Cernay-Sewen.

Service d'autobus : Guebwiller-Soultz-Wattwiller-Cernay. — Service d'auto-cars de la Route des Vosges, circuit Mulhouse-Colmar.

Hôtel d'Alsace, prop. Ed. Guckert, 16 lits de 8 à 20 francs, pet. déj. 2 f. 50, repas 6 fr. 50 et 9 fr., pension 20 fr. 75

Hôtel des Vosges, propr. Joseph Gluck, 6 lits à 5 fr., petit déj. 2 fr., déj. 8 fr., diner 6 fr. 62.

Hôtel de la Gare, propr. Charles Lisch, 19 lits de 5 à 7 fr., petit déjeûner 2 fr. 20, déjeûner et diner 7 et 9 fr., pension 20 fr. 37.

COLMAR (alt. 196 m.) Ville de 44,000 habitants, chef-lieu du département du Haut-Rhin. Elle est située dans la plaine d'Alsace sur la Lauch, affluent de l'Ill, et le Logelbach, canal de dérivation de la Fecht, à 16 kil. du Rhin et presque au pied des Vosges, en face du débouché de la vallée de la Fecht ou vallée de Munster. — Colmar, avec ses rues irrégulières, ses anciennes maisons peintes, a gardé son cachet de vieille ville alsacienne, tout en se modernisant sur son pourtour. L'intérêt considérable que présente Colmar comme chef-lieu d'un des départements les plus industriels est encore augmenté pour les touristes par les sites pittoresques qui l'environnent, à quelques kilomètres de distance, dans la direction des Vosges.

Tous renseignements au Syndicat d'Initiative, place de la Gare.

Ligne Strasbourg-Bâle. Point de départ des lignes pour Markolsheim, Neuf-Brisach, Metzeral, Wintzenheim, La Poutroye, Ensisheim.

Service d'auto-cars de la Route des Vosges (voir au dos de la couverture).

Service d'auto-cars Colmar-Gérardmer du 25 juin au 30 septembre, 2 départs tous les jours. Renseignements aux Syndicats d'Initiative de la région. Aller 20 fr.; aller et retour 35 f.

Différents services organisés pendant la saison par l'entrepreneur Jaeglé, 7, Route de Rouffach à Colmar.

Hôtel de l'Agneau Noir, prop. Paul Ulmer, 50 lits de 12 à 15 fr. pet. déj. 4 fr., repas 8 à 15. 145

Hôtel-Restaurant à l'Automobile, prop. F. Preiss, 20 lits de 8 à 10 fr., pet. déj. 3 fr. repas 5.50 et 8 fr. 50, pension 22 fr. 579.

Grand Hôtel Bristol, propr. Jean-Baptiste Fleck, 104 lits de 12 à 40 fr., pet. déjeûner 4 fr., déjeûner et diner 12 à 15 fr., pension 40 à 60 fr. 39.

Hôtel de France, propr. E. Bauer, 23 lits de 7 à 10 fr., petit déj. 3 fr., déjeûner et diner 7 à 9 fr., pension 25 fr. 498.

Hôtel Hammerer, propr. R. Hammerer, 13 lits de 6 à 8 fr., petit déjeûner 2 fr. 50, déjeûner et diner 5 fr., pension 15 fr.

Hôtel du Musée, prop. E Fullgraf, 30 lits de 6 à 10 fr., petit déj. 2 fr. 50, repas de 6 à 10 fr., pension 20 à 24 fr. 15

Hôtel National, 7, rue de la Gare. propr. Zaepfel Frères, 40 lits de 8 à 10 fr., petit déjeûner 2 fr. 50, déjeûner et diner 8 fr., pension 25 fr. 240.

Hôtel de la Poste, prop. E. Sonnenlitter, 12 lits de 7 à 10 fr. pet. déj. 2 fr. 50, repas 8 fr., pension 20 fr. 193

Hôtel de la République, propr. Frédéric Schaller, 22 lits de 5 à 8 fr., petit déj. 2 fr. 50. déjeûner et diner 6.50 à 9 fr. pension depuis 17 fr. 591

Hôtel du Saumon, propr. Joseph Schmitt, 20 lits à partir de 5 fr., petit déjeûner 2 fr. 50, déjeûner et diner 4 à 6 fr. 50, pension 14 à 18 fr.

Hôtel Terminus, propr. E. Johner, 70 lits de 9 à 25 fr. petit déj. 3 fr., repas 10 fr., pension 28 fr. 118

Hôtel-Restaurant à la Ville de Nancy, propr. J. Schmitt, 18 lits dep. 5 fr., chambre et pension depuis 16 fr.

Hôtel à la Ville de Reims, propr. J. Klinger-Burgy, 15 lits de 6 à 10 fr., petit déjeûner 2 à 2 fr. 50, déjeûner 5 à 8 fr., diner 9 à 8 fr. 819.

Hôtel à la Ville de Soultz, propr. Joseph Nierstermann, 20 lits de 7 à 15 fr., pet. déj. 2fr.50, repas 7 fr. 50 à 10 fr. pension de 20 à 25 535.

ÉGUISHEIM (alt. 210 m.)   Ancien bourg fortifié d'un aspect pittoresque dominé par les ruines de trois châteaux.

Station de la ligne Strasbourg-Bâle.

FELLERING (alt. 430 m.) Village de 1700 habitants dans la vallée de la Thur.

Station de la ligne Mulhouse-Kruth.

Hôtel du Bœuf Rouge, propr. Walch Frères, 30 lits de 8 à 10 fr., petit déj. 3 fr. repas 9 fr., pension 26 fr. 50.

FERRETTE (alt. 505 m.) Ancienne petite ville réduite à la population d'un village de 500 habitants, dans un site très pittoresque, au pied et sur les pentes d'un des premiers contreforts du Jura alsacien.

Terminus de la ligne Altkirch-Ferrette

Hôtel de la Cigogne, propr. Jules Pfiffer, 30 lits de 7 à 10 fr., petit déjeûner 3 fr., déjeûner et diner 7 à 12 fr., pension 24 à 26 fr.

FRÉLAND (alt. 430 m.) Joli village de la vallée de Kaysersberg, dominé par le Brézouard, à 20 minutes de la halte de la ligne Colmar-La Poutroye

Halte de la ligne Colmar-La Poutroye à 20 minutes.

Service de voitures deux fois par jour de la station au village, à 8 h. et 17 h. 30. Prix : 1 fr 50.

Pension Miclo-Riette, prop. Charles Miclo-Riette, 15 lits depuis 4 fr., petit déjeûner 2 fr. 50, déjeûner et diner 6 à 8 fr., pension de 18 à 20 fr.

Hôtel Simon, prop. Jean-Baptiste Simon, 20 lits, de 6 à 12 fr. pet. déj. 2 fr. repas 9 fr. pension 20 fr.

FREUNDSTEIN (Château de) (alt. 928 m.) Les ruines du Château ont été utilisées par nos troupes comme position d'infanterie.

De Soultz (station de la ligne Bollwiller-Lautenbach) à pied environ 4 heures aller et retour. De Willer (station de la ligne Mulhouse Kruth) 1 heure.

Ferme du Freundstein, 2 chambres pour touristes, chambre et pension depuis 15 fr.

GRAND BALLON (alt. 1424 mètres). Point culminant des Vosges, s'élève sur un chaînon transversal du versant Est qui se détache de la ligne de faîte au Sud du Hohneck. Table d'orientation, vue merveilleuse.

Station Lautenbach de la ligne Bollwiller-Lautenbach. De Lautenbach environ 3 heures de marche. De Soultz, 4 h. 30. de Moosch, 2 h. 30, de Saint-Amarin, 2 h. 45, de Guebwiller, 3 h. 30.

Hôtel du Grand Ballon, propriété du Club Vosgien, directeur : Auguste Meyer, ouvert toute l'année, 35 lits dans chambres de 1 à 3 lits, 45 lits dans dortoirs de 4 à 8 lits, 100 lits de camps, taverne, grenier, etc. Chambre à 1 lit au 1er étage 12 fr., au 2me 8 fr., pendant la saison. Petit déj. 3 fr., 50 repas 10 et 12 fr., pension 35 fr.

GUEBERSCHWIHR (alt. 275 m.) Église du XIe siècle restaurée en 1840.

Station Herrlisheim de la ligne Strasbourg-Bâle.

Loueur de voitures à Gueberschwihr : Noll.

Plusieurs chambres au village, s'adresser à la Mairie.

GUEBWILLER (alt. 288 m.) Centre industriel important de 13,000 habitants s'étend en longueur sur la rive droite de la Lauch, à l'entrée de la vallée du Florival, entre des versants couverts de riches vignobles, à proximité des hauts sommets des Vosges et du Front de guerre.

Tous renseignements au Syndicat d'Initiative, place de la Gare.

Station de la ligne Bollwiller-Lautenbach.

Services quotidiens d'autobus Guebwiller-Isenheim-Soultzmatt-Rouffach. et Guebwiller-Wattwiller-Cernay.

Hôtel de l'Ange, propr. Eugène Lehmann, 30 lits de 8 à 9 fr., petit déj. 2 fr. 50, déjeûner et diner 6.50 à 8 fr. 50, pension 25 fr.

Hôtel du Canon d'Or, propr. Paul Bollenbach, 25 lits de 8 à 10 fr., petit déjeûner 2 fr. 50, déjeûner et diner 9 fr., pension 30 fr.   21.

Restaurant « Au Touriste » propr. Reinhardt 8 lits de 4 à 8 fr., pet. déj. 2 fr. 50, déj. et diner 6 à 8 fr., pension 16 fr.

HACHIMETTE (alt. 383 m.) Hameau dépendant de La Poutroye, au confluent de la Béchine et de la Weiss.

Station de la ligne Colmar-La Poutroye.

Service d'auto-car pour Orbey une fois par jour pendant la saison. Prix 2 fr.

Hôtel Gœtzmann (anc¹ Simon), prop. G. Gœtzmann, 18 lits de 6 à 8 fr., petit déjeûner 3 fr., déjeûner et diner 8 à 10 fr. pension de 24 à 28 fr.   Lapoutrole 7.

Maison Edouard Loing, appartements meublés avec cuisine, 10 lits, prix à débattre.

HARTMANNSWILLERKOPF ou **VIEIL ARMAND** (alt. 957 m.). Fut le théâtre d'un des plus héroïques combats livré et gagné par nos troupes des Vosges. Il est depuis 1920 classé territoire historique.

Accès par Soultz et Wuenheim 2 h. 40.

» Cernay-Wattwiller, 3 heures.

Cantine du Vieil Armand propr. Louis Zeller, 15 lits de camp depuis 3 fr., déjeûner 8 fr.

HOHRODBERG (alt. 700 à 800 m.) Hameau à 1 h. 35 de Munster sur les flancs du Linge

Station Munster de la ligne Colmar-Metzeral, à 1 h. 25.

Hôtel Aqua Viva, propr. Friederich, 30 lits de 5 à 8 fr., petit déjeûner 3.50 déjeûner depuis 7 fr., diner depuis 5 fr., pension de 20 à 22 fr., anti-alcoolique.   Munster 64.

Hôtel Hohrodberg, propr. Henri Roess, 35 lits de 6 à 7 fr., petit déj. 2 fr. 50, déjeûner et diner 6 fr. 50 à 8 fr., 50 pension 19 à 22 fr.   Munster 57.

Hôtel du Panorama, prop. Vve J. Haberer, 24 lits de 5 à 6 fr., petit déj. 2 fr. 50, déj. 5 et 8 fr., diner 6 et 7 fr., pension 20 à 22 fr. Munster 33.

Hôtel Stoehr, propr. Georges Stoehr, 35 lits de 6 à 8 fr., petit déjeûner 2 fr. 50, repas 6 à 9 f., pension 18 à 20 Munster 20.

KUNINGUE (alt. 245 m.) Petite ville de 3600 habitants sur la rive gauche du Rhin, ancienne place forte.
Station de la ligne Saint-Louis-Léopoldshohe.

INGERSHEIM (alt. 220 m.) Bon centre pour toutes les excursions dans les Hautes-Vosges.
Station de la ligne Colmar-La Poutroye.

JUNGHOLTZ (alt. 325 m.) Village de 1000 habitants à 4 kilom. de Soultz.
Station Soultz de la ligne Bollwiller-Lautenbach.
Service de correspondance de Soultz.
Loueurs de voitures à Soultz : Burgmeister Jean, 16, Grande-Rue ; Bruntz, 51, Grande-Rue. — Autos : Zeyer, 1, rue Kageneck.
Pension « Au Vieil-Armand », propr. Joseph Ackermann, 18 lits de 5 à 6 fr., petit déj. 2 fr. 50, déjeûner 6 fr. 50, diner 5 fr. pension de 20 à 22 fr.
Chambres, de 8 à 15 fr. avec pension. S'adresser à la mairie de Jungholz.

KALBLIN (alt. 924 m.)
Station Fréland de la ligne Colmar-Lapoutroie à 6 km.
Restaurant Kalblin, propr. R. Baradel, 10 lits à 6 fr., petit déj. 4 fr., déj. 10 fr., diner 8 fr. pension depuis 18 fr.

KAYSERSBERG (alt. 242 m.) Ville ancienne de 6,700 habitants sur la Weiss, près de son débouché dans la plaine, est bâtie entre deux hauts coteaux plantés de vignes à leur base et couverts de belles forêts à leur sommet.
Station Colmar-La Poutroie.
Service d'auto-cars de la Route des Vosges, circuit Sélestat-Colmar.
Hôtel à la Clé d'Or, propr. Louis Chambard, 50 lits de 8 à 20 fr., petit déjeûner 3 fr., déjeûner et diner 10 fr., pension 28 à 35 fr. 17. EC.

KIENTZHEIM (alt. 225 m.) Curieuse petite ville, encore entourée d'un mur d'enceinte avec une vieille tour, château du XVI° siècle.
Station de la ligne Colmar-La Poutroie.

KIRCHBERG (alt. 451 m.) Village à 5 kilomètres de Massevaux

Station Niederbruck de la ligne Cernay-Sewen.

Hôtel Erhard à Langenfeld, propr. Marcel Erhard, 14 lits à partir de 3 fr. petit déjeûner 2 fr. déjeûner 8 fr., dîner à 5 fr., pension à partir de 18 fr.

KRUTH (alt. 450 m.) Village de 1750 habitants qui s'étend tout en longueur dans la vallée et au centre duquel aboutit la route de Cornimont par le Col d'Oderen.

Terminus de la ligne Mulhouse-Kruth.

LAC BLANC (alt. 1.054 m.). Au centre d'un merveilleux site de rochers abrupts et découpés. Accès par la Poutroie, par Orbey et par le Lac Noir.

Service d'auto-cars de la Route des Vosges, circuit Sélestat-Colmar.

LAC DE LA LAUCH (alt. 940 m.) Grand réservoir au fond du beau cirque de versants boisés où naît la Lauch. La digue monumentale offre une jolie vue. Poste Linthal.

Station Lautenbach, terminus de la ligne Bollwiller-Lautenbach, à 15 km. du lac de la Lauch.

Hôtel du Lac, propr. . Vic.Th. Kech, 16 lits depuis 6 fr., petit déj. 3 fr., déjeûner 6 fr. 50, dîner 8 fr. 50, pension 20 fr. Hangar pour passer la nuit pour 52 personnes, 1 fr. 50 avec couverture. 📞 par Guebwiller.

LAC NOIR (alt. 950 m.) Le lac se trouve dans un bassin bordé de parois à pic. Il a une superficie de 14 hectares. Aspect sauvage et romantique. Poste Orbey.

D'Orbey, par Pairis, environ 1 h. 1/2. De La Poutroie, par le Lac Blanc, environ 2 h. 40.

Service d'auto-cars de la Route des Vosges, circuit Sélestat-Colmar.

Restaurant du Lac Noir, propr. Gérard, 9 lits à partir de 7 fr., petit déjeûner 2 à 3 fr., déjeûner et dîner 8 à 10 fr., pas de pensionnaires. 📞 Orbey 11.

LA POUTROIE (alt. 422 m.) Village de 2.000 habitants entouré de collines boisées et de prairies verdoyantes sur la rive droite de la Béchine, au pied du Faudé. Centre d'excursions pour le champ de bataille de la Tête des Faux et pour les Lacs. Paysage alpestre.

Tous renseignements au Syndicat d'Initiative, Hôtel de la Couronne.

Station terminus du tram à vapeur Colmar-Kayserberg-La Poutroie.

Service automobile pour Le Bonhomme et pour Fraize, plusieurs fois par jour. Prix : Le Bonhomme 2 fr. 50 montée ; 1 fr. 50 descente ; Fraize 5 fr. 50.

Hôtel de la Couronne, propriétaire X. Heitzler, 10 lits de 6 à 8 fr., petit déjeûner 3 fr., déjeûner 8 à 10 fr., diner 8 fr. pension 22 à 25 fr. 17.

Hôtel de la Poste, prop. Thomann, 22 lits de 5 à 7 fr., petit déj. 2 fr. 50, repas 8 fr. 50, pension 20 à 25 fr.

Restaurant Schreiber, propr. Xavier Schreiber, 15 lits depuis 6 fr., petit déjeûner 2 fr. 50 déjeûner et diner 7 à 8 fr., pension 18 à 20 fr.

LAUTENBACH (alt. 396 m.) Bourg de 2.100 habitants sur la rive gauche de la Lauch dans un très beau site au terminus de la ligne Bollwiller-Lautenbach. Eglise du 12e siècle, chaire remarquable.

Hôtel de la Gare, propr. Jos. Wolf, 10 lits de 5 à 7 fr., petit déjeûner 3 fr. déjeûner 8 à 10 fr., diner 8 à 10 fr., pension dep. 22 fr.

LAUTENBACHZELL (alt. 425 m.) Village de 1 500 habitants dont les maisons s'échelonnent sur la rive droite de la Lauch jusqu'à Sengern.

Station Lautenbach de la ligne Bollwiller-Lautenbach, à 2 k.

Hôtel A la Truite du Grand Ballon, prop. Adolphe Fischer. 12 lits de 5 à 8 fr., petit déjeûner 3 fr., déjeûner 8 fr., diner 6 fr. pension 25 fr.

Chambres meublées : 1 chambre chez le garde-forestier ; 2 chambres chez M. Joseph Wehrler ; 1 chambre chez M. Tacquart ; 1 chambre chez M. Limacher ; 1 chambre chez M. Joseph Schmuck.

LE BONHOMME (alt. 670 m.) Centre d'excursions au confluent de la Béchine et du ruisseau des Bagenelles pour les Champs de bataille de la Tête des Faux, du Col du Bonhomme, du Lac Blanc, etc., à 5 km. de La Poutroie.

Station La Poutroie de la ligne Colmar-La Poutroie, à 5 k.,

Service automobile de Lapoutroie. Prix : montée 2 fr. 50 ; descente 1 fr. 50.

Hôtel du Cheval Blanc, propr. Emile Claudel, 15 lits de 8 à 10 fr., petit déjeûner 3 fr. déjeûner et diner 10 fr., pension 25 à 30 fr. 1.

Hôtel du Lion d'Or, propr. Théophile Minoux, 10 lits depuis 5 fr., petit déjeûner 2 fr. 50, déjeûner 5 à 9 fr., diner 5 à 7 fr., pension de 12 à 20 fr.

LIEPVRE (alt. 271 m.) Bourg industriel situé près de la hauteur du Hohkœnigsbourg.

Station de la ligne Sélestat-Sainte-Marie-aux-Mines.

Hôtel de la Fleur, propr. Veuve E. Kœssler, 10 lits à 7 fr., petit déjeûner 3 fr., déjeûner 7 fr., diner 6 fr. pension 22 à 25 fr.

LINTHAL-SENGERN (alt. 450 m.).   Petits villages sur la Lauch à 35 minutes de Lautenbach.

Station Lautenbach de la ligne Bollwiller-Lautenbach.

Chambres à louer chez M. Riethmuller 4 chambres ; chez M. Frantz, 4 chambres ; chez M. Debenath, 2 chambres.

MASEVAUX (alt. 401 m.) Chef-lieu de canton 3.700 habitants sur la Doller. Important centre d'excursions.

Station de la ligne Cernay-Sewen.

Service d'auto-car Mulhouse-Ballon d'Alsace-Belfort
Service automobile pour Rougemont-le-Château en correspondance avec le tramway électrique pour Belfort. Prix : Masevaux-Belfort 4 fr. 20.

Hôtel de l'Aigle d'Or, propr. Gebel-Villard, 15 lits à 8 petit déjeûner 2 fr. 50, déjeûner et diner 7 à 9 fr., pension de 20 à 24 fr.

Hôtel du Lion d'Or, propr. René Battmann, 20 lits de de 6 à 7 fr., petit déjeûner 2 fr. 50, repas de 6 fr. 50 à 8 fr., pension 12 à 18 fr.

METZERAL (alt. 479 m.) Village de 1.300 habitants dans une situation admirable, au terminus actuel de la ligne Colmar-Munster. Excellent centre d'excursions. Metzeral, complète-ment détruit au cours de la guerre est en reconstruction.

Terminus de la ligne Colmar-Metzeral.

Terminus-Hôtel, Restaurant de la Gare, prop. Jean Stæhly, 30 lits de 10 à 14 fr., petit déjeûner 3 fr. 50 déjeûner et diner 8 et 10 fr., pension 22 à 28 fr. 🚗 5.

Hôtel du Soleil d'Or, propr. Ch. Bœhmer, 15 lits de 8 à 10 fr., petit déjeûner 3 fr. 50, repas 7 et 10 fr., pension depuis 25 🚗 15. CC. EC.

Hôtel des Vosges, propr. E. Sigwald, 12 lits à 6 fr. petit dé-jeûner 2 fr., repas 6 fr. 50 à 8 fr., pension 22 à 24 fr.

MITTLACH (alt. 520 m.)   Bon centre d'excursions pour les hautes montagnes à 55 minutes de Metzeral.

Station Metzeral de la ligne Colmar-Munster (à 4 km.)

MOLLAU (alt. 475 m.) Village de 675 habitants fort bien situé à 3/4 heures de Wesserling.

Station Wesserling de la ligne Mulhouse-Kruth.

Loueur de voitures à Mollau : Stucky.

FERME DU MORDFELD (alt. 1.150.)   Ferme isolée, vue étendue.

Station Lautenbach, terminus de la ligne Bollwiller-Lautenbach, à pied par le lac du Ballon environ 3 heures.

Ferme-Abri, propr. Benj. Riethmuller, 2 dortoirs pour 30 personnes, 3 fr. le lit ; 2 lits à 5 fr., petit déj. 2 fr. 50.

MOOSCH (alt. 395 m.)   Petite localité située sur la ligne de **Mulhouse-Kruth.**

Hôtel de la Gare, propr. Joseph Adam, 16 lits, de 5 à 8 fr. petit déjeûner 2 fr. 50, repas 6 et 7 fr. pension 20 à 25 fr.

A louer chez M. Camille Kœssler, 2 chambres meublées avec cuisine et jardin, prix : 10 fr. par jour.

MULHOUSE (alt. 240 m.)   Ville de 112.000 habitants, capitale industrielle de l'Alsace, un des premiers centres manufacturiers de la France, est située entre les Vosges et le Rhin, à l'extrémité Sud de la grande Plaine d'Alsace. Elle est arrosée par l'Ill.

Tous renseignements au Syndicat d'Initiative, rue du Maréchal Foch.. 7.

Station de la ligne Strasbourg-Bâle.

Point de départ des lignes pour Montreux-Vieux, Kruth, Mullheim, Sewen, Ensisheim, Wittenheim.

Service régulier d'automobile entre Mulhouse et Dannemarie plusieurs fois par jour.
Service d'auto-cars de la Route des Vosges, circuit Mulhouse-Colmar et vice-versa.
Service d'auto-car Mulhouse-Ballon d'Alsace tous les jours.

Hôtel de l'Agneau d'Or, 19 Faubourg de Colmar. propr. Dumen, 14 lits à 6 fr. pet. déj. 2 fr. 25. repas 4 fr. 50 486.
Hôtel meublé Berney, 9, rue de la Moselle, prop. Veuve H. Berney, 18 lits dep. 6 fr., petit déjeuner 1 fr. 50 à 2 fr. 50.
Hôtel de la Bourse, propr. Rohmer, rue de la Bourse, 50 lits de 12 à 30 fr., petit déjeuner 3 fr., repas 10 fr., 1214. EC
Hôtel Bristol, faubourg de Colmar. prop. A. Dietrich, 100 lits de 10 à 20 fr., petit déjeuner 3 fr. 50, repas 11 francs 1142 et 1146 EC
Hôtel de l'Espérance, place de la République, chambres depuis 5 fr.
Hôtel de l'Europe, 11, Avenue du Maréchal Foch, propr. Xavier Liaffert. 40 lits de 10 à 12 fr., petit déjeuner 2 fr. 50, déjeuner et dîner 10 à 15 fr., 62. EC
Hôtel de Famille, 8, rue de l'Arsenal, propr. Gustave Zumsteg-Schieb, 35 lits de 7 à 12 fr., petit déjeuner 2 fr. 50, déjeuner et dîner 5 à 8 fr., pension à débattre. 135. EC

Hôtel National, rue du Sauvage, Société Anonyme, 120 lits de 12 à 15 fr., pet. déjeûner 2 fr. 50, déjeûner et diner de 8.50 à 12 fr. 316 et 317.

Hôtel de la Gare, rue de la Station. 17, propr. Eugène Comment. 10 lits de 6 à 7 fr., petit déj. 2 fr., déj. 5.50 et 7 fr. 50. diner 6 et 9 fr. 866.

Hôtel du Nord, place de la Gare, propr. Alphonse Oberlé, 30 lits de 7 à 8 fr., petit déjeûner 2 fr., déjeûner et diner 5 à 8 fr. 1130.

Hôtel du Parc, rue de la Sinne, Société Anonyme. Directeur Ostermann, 100 lits de 20 à 40 fr., petit déjeûner 5 francs, déjeûner 11 fr., diner 15 fr., pension à partir de 50 fr. 1232 et 1233. EC

Hôtel du Saumon, place Franklin, prop. Albert Brogly, 22 lits de 7 à 8 fr., petit déj. 3 fr., repas 6 à 12 fr. 1512.

MUNSTER (alt. 383 m.) **Ville de 5.200 habitants dans une charmante situation au pied du Mœnchberg, au confluent de la Fecht du Nord et de la Fecht du Sud, dont la réunion forme la vallée de Munster proprement dite. Situé dans une des plus belles parties des Vosges, entouré de très hautes montagnes d'un caractère alpestre, de lacs. forêts, paturages, rivières, sources. Munster est un centre d'excursions très agréable.**

Tous renseignements au Syndicat d'Initiative, place de la Gare.

Station de la ligne Colmar-Metzeral.

Service d'auto-car pour la Schlucht correspondance avec le tramway pour Gérardmer.

Service d'auto-cars Munster - Gérardmer. Passage des services d'auto-cars Colmar-Gérardmer, et Vittel-Colmar.

Loueur de voitures : MM. Schwenck, Berna, Hugueny et Christmann.

Grand Hôtel, Société par actions, Directeur Emile Willm, 60 lits de 10 à 25 fr., petit déj. 3 fr. 50, repas 10 à 15 fr., pension de 35 à 50 fr. 93. EC

Hôtel " Aux Armes ", propr. Emile Wetzel, 17 lits de 6 à 9 fr., petit déjeûner 3 fr., déjeûner et diner 6 et 9 fr., pension 25 fr. 40.

Hôtel Beau-Séjour-Mœnchberg, propr. F. Hummel, 26 lits, de 7 à 8 fr., petit déjeûner 3 fr., déjeûner 10 fr., diner 7 fr. pension 22 fr. 6. EC Ch. Electr.

Hôtel Belle Vue, propr. A. Meyer-Wehlé, 25 lits de 8 à 10 fr., petit déjeûner 3 fr., déjeûner et diner 7 à 9 fr. pension 25 fr. 43.

Hôtel Central, propr. A. Wildprett. 18 lits de 8 à 10 fr., petit déjeûner 2 f. 50 à 3 fr., déjeûner et diner 9 et 10 fr., pension 25 f. 22. EC

Hôtel de la Cigogne, prop. Valentin Diebold. 25 lits de 8 à 10 fr., petit déj. 3 fr., repas 8 à 15 fr., pension 20 à 25 fr. 27.

Hôtel du Parc, propr. Vve Alfred Wetzel, 25 lits de 6 à 8 fr., petit déjeûner 2 fr. 50, repas 6 à 8 fr., pension 22 francs. 82.

MURBACH (alt. 340 m.) Village de 300 habitants, dans un site agreste de la vallée de la Lauch, localité fréquentée des touristes à cause de son abbaye du commencement du 13e siècle.

Station Buhl à 3 km., ligne Bollwiller-Lautenbach.

Loueurs de voitures à Buhl : J. Clauss et Th. Hossenlopp

Hôtel Murbach, propr. Alphonse Martin, 6 lits à 5 fr., petit déjeûner 3 fr., repas à partir de 5 fr., pension 18 fr.

Hôtel Saint-Barnabé, propr. Léon Kœnig, 30 lits à partir de 6 fr., petit déj. 2 fr. 50, repas 8 à 12 fr., pension de 20 à 24 fr. Guebwiller 215

NEUF-BRISACH (alt. 230 m.) Ville de 2.800 habitants, place forte construite par Vauban, contournée par le canal du Rhône au Rhin et le canal de Vauban, à 4 km. environ de la rive gauche du Rhin ; douane française.

Terminus de la ligne Colmar-Neuf-Brisach.

Hôtel du Cerf, prop. E. Schmitt, 9 lits de 4 à 8 fr., petit déj. de 1.20 à 2 fr. 50, déj. 6 à 8 fr., dîner 5 à 8 fr., pension 15 à 18 fr.

Hôtel de France, prop. A. Muré, 15 lits de 10 à 12 fr., petit déj. 2 fr. 50, déj. 8 à 18 fr., dîner 8 à 18 fr., pension dep. 24 fr. 15.

OBERBRUCK (alt. 464 m.) Village situé sur la Doller.

Station de la ligne Cernay-Sewen.

OBERSOLBERG (alt. 800 m.) A 5 minutes du sommet du Solberg, d'où l'on jouit d'une jolie vue.

Station Munster de la ligne Colmar-Metzeral à 1 heure.

Hôtel Belle-Vue, 15 lits dep. 6 fr., petit déj. 4 fr., déj. 8 fr., dîner 5 fr., pension 18 à 20 fr.

ODEREN (alt. 435 m.) Village de 1.500 habitants, situé sur la Thur dominé par son antique petite église bâtie sur un îlot de granit. Centre d'excursions remarquables. Pélérinage de Notre-Dame de Bon Secours. Forêts de sapins. Belles promenades. Cascade Saint-Nicolas en forêt.

Station de la ligne Mulhouse-Kruth.

Hôtel de l'Aigle d'Or, propr. Joseph Bury, 20 lits de 4 à 10 fr., petit déjeûner 2 fr., déjeûner et dîner 5 à 7 fr., pension 20 à 22 fr. 2.

Hôtel du Lion d'Or, propr. Alphonse Pfisterer, 20 lits de 4 à 10 fr., petit déj. 2 fr., repas 5 et 7 fr. pension 15 à 20 fr.

ORBEY (alt. 500 m.) Agréable séjour d'été et excellent centre d'excursions, Orbey est échelonné tout en longueur dans une charmante vallée, sur les 2 rives de la Weiss. Il forme avec les nombreux écarts une agglomération de 4.400 habitants. Point de départ des routes de voitures pour le Lac Noir et le Lac Blanc.

Station Hachimette (à 3 km.) ligne Colmar-La Poutroie.

Service d'autobus depuis Hachimette tous les jours. Prix 2 fr.

Loueur de voitures : René Baffrey ; Hachimette à Orbey : 5 personnes, 10 fr., aller et retour 20 fr.

Hotel Beck, Joseph Schmodry, propr., 35 lits de 4 à 5 fr., petit déjeûner 3 fr., déjeûner de 8 à 10 fr., diner 6 à 8 fr, pension 25 fr. 10.

Hôtel Cornélius, propr., Schatzel, 50 lits, de 8 à 16 fr., petit déjeûner 3 fr., déjeûner et diner 10 fr., pension 28 25 à 30 fr. 1. EC

Hôtel de la Croix d'Or, propr. Vve Thomann, 18 lits à à 6 fr., petit déjeûner 2 fr. 50, déjeûner et diner 8 à 10 fr. pension 20 à 22 fr.

PAIRIS (alt. 520 m.). Hameau faisant partie de la commune d'Orbey qui a été presque complétement détruit pendant la guerre.

Station Hachimette à 6 kilomètres 3.

Service d'automobile d'Hachimette à Orbey, (voir Orbey).

Hôtel Bellevue, prop. Jérôme Bertolini, 11 lits de 7 à 8 fr., petit déj. 2 fr. 50 déjeûner et diner 6 à 8 fr., pension 20 à 25 fr,

PÉPINIÈRE (alt. 400 m.) Maison forestière en pleine forêt, à 3/4 d'heure de Ribeauvillé, au débouché du vallon de la grande Verrerie et à côté du hameau de Buckel.

Station Ribeauvillé de la ligne Strasbourg-Bâle.

Hôtel de la Pépinière, (3/4 d'heure de Ribeauvillé), propr. Georges Schneider, 40 lits de 7 à 8 fr., petit déj. 3 fr., déjeûner 9 à 12 fr., diner 8 à 10 fr., pension 22 à 28 fr.

RIBEAUVILLÉ (alt. 184 m.) Ville ancienne de 5.900 habitants, bon centre d'excursions dans une charmante situation au débouché de la vallée du Strengbach, affluent de la Fecht, au pied des premiers contreforts des Vosges, dont l'un porte les ruines des châteaux de St-Ulrich, Girsberg et Haut-Ribeaupierre. Source minérale, présentant une certaine analogie avec celle de Contrexéville.

Station de la ligne Strasbourg-Bâle.

Service automobile Ribeauvillé-Aubure 1 fois par jour en hiver, 2 fois en été.
Prix de la montée: 8 fr., descente : 6 fr.
Service d'auto-cars de la Route des Vosges, circuit Sélestat-Colmar.

Hôtel Bon-Séjour à 1 heure de Ribeauvillé, sur la **route** d'Aubure à Sainte-Marie-aux-Mines, propr. Charles Wiemann, 10 lits de 6 à 8 fr., petit déjeûner 3 fr., déjeûner 8 fr. 50, diner 7 fr 50., pension à partir de 23 fr.

Hôtel du Cheval Blanc, propr. Jean Sonderer, 12 **lits** de 4 à 6 fr., petit déj. 2 fr., déj. 4.50 à 7 fr., diner 4 fr. 50, pension 16 fr.

Pension Duwig, 25, Rue de la Synagogue, 9 lits de 6 à 7 **fr.** petit déjeûner 3 fr., déjeûner 7 fr., diner 6 fr., pension 22 fr.

Hôtel du Mouton. propr. A. Hell, 30 lits de 6 à 8 fr., petit déjeûner à 3 fr., déjeûner et diner 7 fr. 50 à 9 fr. 50 pension 22 à 25 fr. 🛏 11.

Pension Dahl, propr. Fernand Dahl. 5, Route de Guémar, 15 lits à 6 fr., petit déj. 2 fr. 50, déj. 7 fr. diner 6 fr., pension de 18 à 20 fr.

Hôtel de la Ville de Nancy, prop. Sig. Oberlin, 36 lits de 7 à 10 fr., pet. déj. 3 fr., repas 7 et 10 fr., pension 25 à 30 fr. 🛏 57 EC

RIMBACH (alt. 578 m.)   **Petit hameau sur le flanc Est du Grand Ballon.**

Station Guebwiller (à 5 km.) ligne Bollwiller-Lautenbach.

RIQUEWIHR (alt. 300 m.)   **Vieille et pittoresque petite ville, sur le penchant des dernières collines des Vosges, ayant conservé son cachet du moyen âge ; vignobles très renommés.**

Station Ostheim-Beblenheim de la ligne Strasbourg-Bâle, à 5 kilomètres.

Courrier pour Riquewihr 2 fr. par personne.
Loueur de voitures à Riquewihr : F. Ferch, taxi 18 fr. pour cinq personnes.
Société d'autobus de Riquewihr.

Hôtel Restaurant du Cerf. propr. Jules-Jacq. Schmidt, 7 lits depuis 7 fr., petit déjeûner 2 fr., déjeûner 8 fr., diner 6 fr., pension 20 à 24 fr. 🛏 Ribeauvillé 99. EC

ROSSBERG (alt. 1196 m.)   **Magnifique belvédère, une des plus belles vues des Vosges.**

Accès par Massevaux, station de la ligne Cernay-Sewen, 2 à 3 heures.

ROUFFACH (alt. 204 m.)   **Vieille ville de 3.785 habitants. Église ancienne intéressante, sur la ligne Strasbourg-Bâle.**

Hôtel de l'Ours Noir, prop. Guillaume Siegel, 12 lits de 6 à 10 fr., petit déj. 2 fr., repas 5 à 10 f., pension 18 à 24 fr. 🛏 23.

SAINT-AMARIN (alt. 406 m.)   **Bourg de 2071 habitants, au débouché d'un vallon sur la rive gauche de la Thur.**

Station de la ligne Mulhouse-Kruth.

SAINTE-ANNE (alt. 443 m.)   Cure d'air en pleine forêt, à 20 minutes de Jungholtz, sur l'emplacement d'un ermitage.

Station Soultz de la ligne Bollwiller-Lautenbach à 5 k.

Service d'automobile depuis la gare de Soultz à tous les trains pendant la saison.

Hôtel Sainte-Anne, propr. Hortense et Philomène Schuller, 120 lits de 10 à 20 fr., petit déjeûner 3 fr., déjeûner et dîner de 8 à 12 fr., pension depuis 30 fr. 🚗 89 par Guebwiller ℡ ℡

SAINTE-CROIX-AUX-MINES (alt. 321 m.)   Bourg industriel, fabrique de tabac et de cigares. Tissages et Filature.

Station de la ligne Sélestat-Sainte-Marie-aux-Mines.

SAINTE-MARIE-aux-MINES (alt. 360 m.)   Ville industrielle de 10.000 habitants sur la Liepvrette dans un vaste bassin entouré de montagnes boisées et gazonnées. Magnifiques promenades et excursions.

Terminus de la ligne Sélestat-Sainte-Marie-aux-Mines.

Service automobile pour Saint-Dié ; pour tous renseignements s'adr. à M. Lung, entrepreneur à Saint-Dié. Voyage simple 6 fr. 25.

Grand Hôtel, propr. J. Cromer, 30 lits de 9 à 12 fr., petit déjeûner 3 fr., repas 9 fr., pension 25 fr. 🚗 19.

Hôtel Preiss, propr. Alfred Viger. 14 lits de 6 à 10 fr., petit déj. 2 fr. 50, repas 8 fr., pension 18 à 20 fr.

SAINT-GILLES (alt. 280 m.)   Point de départ des intéressantes excursions de la tour de Pflixbourg et du château de Hohlandsbourg.

Station de la ligne Colmar-Metzeral.

Hôtel Pflixbourg, propr. Emile Oberlin, 13 lits depuis 6 f., petit déjeûner 3 fr., déjeûner et dîner 7 et 9 fr., pension de 22 à 25 fr. 🚗 727.

SAINT-HIPPOLYTE (alt. 179 m.)   Petite ville de 2.500 habitants, autrefois fortifiée, à 2 km. 5 de la voie ferrée Strasbourg-Mulhouse au pied du Hohkœnigsbourg.

Station de la ligne Strasbourg-Bâle.

Service d'automobiles de la station à la ville, prix 1 fr.

Hôtel de la Gare, propr. G. Zentz, 8 lits de 5 à 8 fr., petit déjeûner 2 fr. 50, déjeûner et dîner 7 fr., pension 18 fr.

Hôtel-Restaurant " A la Vignette " propriétaire Henri Heyberger, 7 lits à 6 fr., petit déj. 2 fr. 50, déjeûner 7 à 8 fr., dîner 6 à 8 fr., pension 18 à 20 fr.

SAINT-LOUIS (alt. 254 m.)   Grosse agglomération industrielle de 5400 habitants, dernière station alsacienne à la jonction des routes de Strasbourg à Bâle et d'Altkirch à Bâle.

Station de la ligne Strasbourg-Bâle.

Hôtel de la Gare, propr. : Rivez - Merlen, 14 lits de 8 à 10 fr., petit déjeûner 2.50, déjeûner et dîner 8 et 10 fr. 🚪 7.

SCHIESSROTRIED (alt. 920 m.) Réservoir soutenu par un barrage dans un site des plus sauvages au fond du cirque du Wormspel.

Station Metzeral (à pied environ 4 heures), ligne Colmar-Metzeral.

SCHWEIGHOUSE (alt. 380 m.) Petit hameau à 10 minutes de la gare de Buhl.

SEWEN (alt. 500 m.) Village de 750 habitants à 600 m. de la gare, terminus de la ligne Cernay-Sewen au confluent des 2 branches supérieures de la Doller séparées par un contrefort du Ballon d'Alsace.

Hôtel de l'Ange, propr. Jules Lintzer, 5 lits de 5 à 8 fr., petit déjeûner 2 fr., déjeûner et dîner de 6 et 7 fr., pension 16 fr. 🚪 1.

Hôtel de la Couronne, prop. Xavier Fluhr, 14 lits de 6 à 8 fr., petit déj. 2 fr. 50, déj. 8 fr., dîner 7 fr.. pension 18 à 20 fr. 🚪.

SOULTZ (alt. 265 m.) Vieille petite ville de 4800 habitants, bâtie sur le Scheidlachbach et dominée par les hauteurs boisées de l'Hartmannswillerkopf.

Station de la ligne Bollwiller-Lautenbach.

Service d'automobile pour Sainte-Anne à tous les trains pendant la saison.

Hôtel Central, propr. E. Schwendemann, 1, place du Marché, 16 lits de 5 à 8 fr., petit déjeûner 1 à 2 fr. 50, déjeûner et dîner 5 à 15 fr., pension 16 à 20 fr.

Hôtel des Deux Clefs, propr. François Laucher, 3, place de la République, 25 lits de 4 à 10 fr., petit déj. 1.50 à 2 fr. 50, déjeûner 5.50 à 9 fr., dîner 5 à 8 fr. 🚪 17.

Hôtel du Raisin d'Or, anc^t Hodel propr. G. Jaeck, 25 lits de 8 à 12 fr., petit déj. 3 fr., repas 6 à 8 fr., pension 20 à 25 fr., 🚪 39. 🆑

SOULTZBACH (alt. 325 m.) Ancienne station balnéaire fréquentée, centre estival au pied du Stauffen.

Station Wihr-au-Val de la ligne Colmar-Metzeral (à 1/4 h.).

Hôtel du Canon d'Or, propr. Vve Bendelé, 10 lits, à 3 fr., petit déjeûner 2 fr., déjeûner 5 fr., dîner 4 fr., pension 15 fr.

Hôtel du Soleil d'Or, propr. J. Huck, 10 lits de 2.50 à 3 fr. 50, petit déj. 2 fr., repas 5 fr., pension 15 fr.

N'aller à la Montagne qu'en Juillet et Août c'est vouloir ignorer sa beauté et son charme.

SOULTZEREN (alt. 449 m.) 1400 habitants. Sur la rive gauche de la Fecht. Soultzeren a été presque entièrement détruit au cours de la guerre.

Station Munster (à 4 km.) ligne Colmar-Metzeral.

Courrier depuis Munster, prix 2 fr. Automobiles à Munster (voir Munster).

Hôtel Belle-Vue, prop., Fréderic Graff, 11 lits de 6 à 8 fr. petit déj. 3 fr., repas 6 fr., pension 18 fr.,

Hôtel à la Ville de Gérardmer, propr. Edouard Gsell, 25 lits à partir de 6 à 7 fr., petit déjeûner 3 fr., repas de 8 à 10 fr., pension 18 fr. 1.

Hôtel de la Ville de Munster, propr. C. Berutzwiller 8 lits depuis 5 fr., pet. déj. 3 fr., repas 6 à 8 fr., pension de 16 à 20 fr.

SOULTZMATT (alt. 275 m.) Village de 2.500 habitants très agréablement situé sur l'Ohmbach dans un vallon étroit aboutissant à un vaste cirque. Les sources minérales sont exploitées, mais l'établissement thermal, détruit par un incendie en 1893 n'a pas été reconstruit.

Station Rouffach de la ligne Strasbourg-Bâle.

Service d'auto-cars Guebwiller-Rouffach 3 fois p. jour

Hôtel du Courrier, propr. Joseph Riedmuller, 8 lits de 5 à 7 fr., petit déjeûner 2 fr., déjeûner et diner 6 fr., pension 15 à 18 fr.

STOSSWIHR (alt. 427 m.) 1850 habitants. Au confluent de la Fecht du Nord et du ruisseau de Soultzeren. Stosswihr a été entièrement anéanti pendant la guerre.

Station Munster de la ligne Colmar-Metzeral.

Courrier depuis Munster. Prix 2 fr.

Hôtel et Villa Herr, propr. Georges Herr, 18 lits de 6 à 10 fr., petit déjeûner 3 fr., repas de 7.50 à 10 fr., pension à partir de 20 fr. Munster 56. EC

Pension de Famille Hittelbach, (à 1/4 d'heure de Stosswihr), prop. Edouard Ruhland, 12 lits de 4 à 5 fr., petit déj. 2 fr. 50, déj. 6 à 8 fr., diner 6 fr., pension 13 à 20 fr.

THANN (alt. 343 m.) Ville industrielle et centre de tourisme de 7400 habitants dans une charmante situation, sur la Thur, à l'entrée des Vosges et dominée par les ruines du château d'Engelbourg. Cures d'air et cures de repos.

Tous renseignements au Syndicat d'Initiative. faubourg du Rhin, 24.

Station de la ligne Mulhouse-Kruth.

Service d'auto-cars de la Route des Vosges, circuit Mulhouse Colmar.

Service d'auto-car Mulhouse-Ballon d'Alsace-Belfort.

Service automobile pour Rougemont-le-Château par

Masevaux. Correspondance au tramway électrique pour Belfort. — Belfort-Thann. Prix : 8 fr. 60.

Hôtel de la Couronne, prop. Sternemann, 8 lits de 6 à 10 fr., pas de restaurant.

Hôtel de France propr. L. Pointet, chambre depuis 5 fr., petit déjeûner 2.50 à 3 fr. 50, déjeûner et diner 8, 10 et 12 fr., pension 25 à 30 fr. 103. EC

Hôtel de la Gare, prop. Théobaldi, 12 lits à 10 fr., petit dej. 3 fr., repas 8 fr., pension 25 fr. 102. EC.

Hôtel Moschenross, propr. L. Moschenross, 30 lits de 8 à 10 fr., petit déjeûner 2 fr. 50, repas 9 à 12 fr., pension 18 à 25 à 28 fr. 86.

Hôtel de l'Ours Blanc, propr. Victor Witz, 9 lits à 7 et 8 fr. petit déjeûner 2 fr., déjeûner et diner de 8 à 11 fr., pension 20 à 22 fr. 22.

Hôtel du Parc, propr. René Ortlieb, 35 lits de 10 à 12 fr., petit déjeûner 3 fr. 50, déjeûner et diner 10 à 15 fr., pension 25 à 30 fr. 98. EC EC

THANNENKIRCH (alt. 520 m.) **Village long de près de 1 km. dans un site agreste au pied du Tænnichel. Très belle situation sur un grand plateau de pâturages et de forêts, abrité des vents du Nord.**

Station Ribeauvillé de la ligne Strasbourg-Bâle, à 7 km.

Service d'automobile de Ribeauvillé pendant la saison ; s'adresser à l'Hôtel des Touristes à Thannenkirch

Restaurant du Haut Kœnigsbourg. propr. Vve Schiber, 8 lits à 5 fr., petit déjeûner 2 fr. 50, déjeûner 6 fr. 50, diner 5.50, pension 18 fr.

Hôtel des Touristes, propr. Ernest Erbland, 40 lits de 8 à 12 fr., petit déj. 3 fr. 50, déjeûner 12 fr., diner 9 fr. 50, pension 30 fr. 1. EC

TREH (alt. 1050 m.) **Métairie, près de la Crête du Chaînon qui sépare la vallée de la Lauch, à 2 heures environ de Wesserling.**

Station Wesserling de la ligne Mulhouse-Kruth.

Chaume du Treh, propr. Jacob Binder, chambres pour touristes.

TROIS ÉPIS (alt. 690 m.) **Une des stations d'été les plus fréquentées des Vosges, elle consiste en quelques villas et plusieurs hôtels groupés sur un petit plateau de grès vosgien. De cette plate-forme, dominant la vallée de Munster, on a une vue merveilleuse sur les Vosges, le Jura, la plaine du Rhin et la Forêt Noire. L'air y est pur et vivifiant, des forêts magnifiques l'entourent, et on peut faire aux environs de très belles promenades. Point de départ pour les champs de bataille du Linge, du Wettstein, etc.**

Terminus du Tramway Turckheim-Trois Epis.

Service d'auto-cars de la Route des Vosges, circuit Mulhouse-Colmar.

Hôtel Bellevue, propr. Antoine Grasser, 32 lits de 8 à 10 fr., petit déj. 3 fr. 25, repas 6 fr. 50 à 10 fr., pension 25 à 35.

Hôtel de la Croix d'Or, propr. Eug. Enderlein 18 lits de 6 à 8 fr., petit déj. 3 fr., déjeûner 9 fr. 50, diner 7 fr. 50, pension depuis 22 fr.

Hôtel et Villa Notre-Dame, propr. A. Muller, 175 lits de 9 à 15 fr., petit déjeûner 4 fr., déjeûner et diner 7 à 12 fr., pension 35 à 45 fr. Colmar 570.

Grands Hotels des Trois Epis, Société Anonyme, directeur Ch. Ostermann, 240 lits de 20 à 40 fr., petit déjeûner 5 fr. déjeûner et diner 18 fr., pension depuis 50 fr. Ouvert du 1er Mai au 15 Octobre. Colmar 95.

TURCKHEIM (alt. 240 m.)   Petite ville ancienne et pittoresque de 2500 habitants sur la rive gauche de la Fecht, à l'entrée de la vallée de Munster, au pied des premières pentes des Vosges couvertes de vignobles bien exposés.

Station de la ligne Colmar-Metzeral.

Tramway pour les Trois-Epis.

Service d'auto-cars de la Route des Vosges, circuit Mulhouse-Colmar.

Hôtel des Deux Clefs, propr. Paul Oberlin 10 lits depuis 8 fr., petit déjeûner 2 fr. 75, déjeûner et diner 8 fr. 50, pension 20 fr. 1.

Hôtel des Vosges, propr. M. Szymansky-Jecker. 35 lits de 8 à 10 fr., petit déjeûner 2 fr. 50, déjeûner 7 fr. 50 à 10 fr., diner 10 fr., pension 25 à 30 fr. 399

UFFHOLTZ (alt. 310 m.)   Village de 1400 habitants dominé par l'Hartmannswillerkopf. Toutes les maisons et l'Eglise ont été détruites pendant la guerre.

Station Cernay (à 2 km.) de la ligne Mulhouse-Kruth.

Hôtel du Soleil, propr. J. Skæmmel, 15 lits à 8 fr., petit déj. 2 fr. 50., déj. 8 à 12 fr., diner 6 à 10 fr., pension 18 à 25 fr., 67.

URBÈS (alt. 442 m.)   Dans une charmante situation au confluent du Stein et du Langmatt.

Station Wesserling (à 4 km.) ligne Mulhouse-Kruth

WASSERFELS (alt. 650 m.)   Maison forestière située dans les futaies de sapins, accessible par un sentier jalonné, à 3 km. de la gare de Fréland. Poste à Fréland.

Station Fréland de la ligne Colmar-La Poutroie.

M. F. Wasserfels, tenue par Mme Hoffmann, 6 lits repas 9 fr., pension de 23 à 25 fr.

WATTWILLER (alt. 331 m.) **Village de 1.200 habitants dans une admirable situation, au débouché du vallon de la Sihl, au pied du Molkenrain et de l'Hartmannswillerkopf. Avant 1914 l'établissement de Wattwiller exploitait des eaux minérales. L'établissement et deux tiers du village ont été détruits pendant la guerre.**

Station Cernay à 4 km., ligne Mulhouse-Kruth.

Service d'auto-cars Guebwiller-Wattwiller-Cernay 4 fois par jour.

WESSERLING (alt. 437 m.) **Bourg industriel et manufacturier de 1100 habitants, dans une charmante situation autour d'une ancienne moraine qui se dresse en travers de la vallée et que la Thur coupe en deux. Centre d'excursions et de belle promenades.**

Station de la ligne Mulhouse-Kruth.

Service automobile pour Bussang à tous les trains. Prix 4 fr.

Hôtel Bentz, propr. Paul Meyer, 16 lits à 6 fr., petit déjeûner 2 fr., déjeûner 7 fr., diner 6 fr., pension à 20 fr. 🚗 21.

Hôtel de la Gare, propr. Virgile Pfadt, 16 lits de 5.50 à 6 fr. 50, petit déjeûner 2 fr. 25, repas de 6 à 8 fr., pension 20 à 25 fr. 🚗 51. 🗲

Hôtel de Wesserling, propr. Jean Wick-Bader, 28 lits de 5 à 8 fr., petit déjeûner 2 fr. 50, repas 6 et 10 fr., pension 18 à 25 fr. 🚗 22.

WILDENSTEIN (alt. 580 m.) **Village de 440 habitants, dans la haute vallée de la Thur, au pied de la montée conduisant au col de Bramont et à la Bresse.**

Station Kruth, terminus de la ligne Mulhouse-Kruth, à 6 k.

Service public Wildenstein-Kruth, prix 2 fr. Loueur de voitures à Wildenstein : Stadelmann.

Hôtel du Soleil, propr. Alfred Stadelmann, 15 lits de 3.50 à 5 fr., petit déjeûner 2 fr. 50., déjeûner de 4.50 à 8 fr., diner 4 fr. 50 à 8 fr., pension 18 fr. 🚗

WILLER (alt. 370 m.) **Village manufacturier de 2000 habitants sur la Thur, au pied du Grand Ballon et au confluent du Rennbach et du vallon d'Alt-Rain.**

Station de la ligne Mulhouse à Kruth.

Hôtel de la Couronne, propr. J. Peter, 15 lits de 6 à 10 fr. petit déjeûner 2 fr. 50, déjeûner et diner 6.50 à 10 fr. pension 22 fr. 🚗 1.

WINTZENHEIM (alt. 225 m.) **Chef-lieu de canton de 3600 habitants, au milieu de beaux vignobles, à l'entrée de la vallée de Munster. Point de départ pour le Château de Hollandsbourg, Pflixbourg, Stauffen, Frauenbrunnen.**

Terminus de la ligne de tramway Colmar-Wintzenheim.

Hôtel Meyer, prop. L. Meyer, 10 lits de 6 à 10 fr., petit déjeûner 2 à 2 fr. 50, déjeûner et diner 7.50 à 10 fr., pension 16 à 18 fr. 🚗 Colmar 436.

WUENHEIM (alt. 293 m.) Village de 1000 habitants, sur le Tiffenbach, que les bombardements de 1915 ont mis presque totalement en ruines.

Station Soultz à 2 km. ligne Bollwiller-Lautenbach.

Restaurant Au Soleil, propr. Victor Werner-Lœtscher, 3 lits de 4 à 5 fr., petit déjeûner 2 f. 80, déjeûner 5 f. 50, dinêr 5 fr., pension de 15 fr. 🏨

MEURTHE-ET-MOSELLE

AUDUN-LE-ROMAN (alt. 362 m.) Chef-lieu de canton de 2000 habitants, sur le plateau qui s'étend entre les vallées de la Crusne et de la Fentsch et sépare le versant de la Meuse de celui de la Moselle.

Station de la ligne Thionville-Longuyon. Embranchement pour Briey, Conflans, Baroncourt et Villerupt-Longwy.

Hôtel de l'Est, propr. Charles Mathieu, 20 lits à 7 fr., petit déj. 1 fr. 50 et 2 fr., déjeûner et dîner 8 fr. vin compris. 🏨 ♗.

BACCARAT (alt. 266 m.). Chef-lieu de canton de 7,300 habitants dans une jolie vallée sur les deux rives de la Meurthe.

Station de la ligne Nancy-Saint-Dié.

Hôtel de l'Agriculture, Henri Roussel, 16 lits de 6 à 10 f., petit déj. 2 fr., repas 8 fr. 🏨 44.
Hôtel du Pont, propr. Divoux, 24 lits de 7 à 9 fr., pas de restaurant. 🏨 33.
Hôtel de la Gare, 10 lits de 7 à 10 fr., petit déjeûner 2 fr., repas 8 fr. 50 (vin compris), pension 23 fr. 🏨 32.

BAYON (alt. 250 m.) 1,300 habitants, à l'extrémité d'un coteau qui s'avance en promontoire entre la Moselle et l'Euron. Vins renommés.

Station de la ligne Nancy-Epinal.

BLAINVILLE-LA-GRANDE (alt. 230 m.) Sur la rive gauche de la Meurthe.

La station est à 1 km. 5 sur la ligne Nancy-Lunéville.

BLAMONT (alt. 270 m.) Petite ville très ancienne de 1,700 hab., au pied d'une colline escarpée entre la Vezouse et la Voise.

Station de la ligne Igney-Cirey.

BRIEY (alt. 257 m.) Centre industriel de 2,900 habitants fort pittoresque, occupe le sommet et les pentes d'un promontoire dominant la Mance.

Station de la ligne de Conflans à Villerupt.

Hôtel du Commerce, prop. J. Gravier, 18 lits de 7 à 8 fr., petit déjeûner 2 fr. 50, repas 9 fr. avec vin. 🚋 27.

Hôtel de la Gare, prop. Paul Voirin, 30 lits de 7 à 12 fr., petit déj. 2 fr. 50, repas 9 fr. (vin compris), pension 25 fr. 🚋

CHAMPIGNEULLES (alt. 199 m.) Localité de 4,300 habitants, à 5 kilomètres de Nancy.

Station de la ligne Frouard-Nancy.

CIREY-sur-VEZOUSE (alt. 307 m.). Petite ville ancienne de 2,700 habitants, sur les rives de la Vezouse du Val et de la Vezouse de Châtillon qui s'y réunissent pour former la Vezouse.

Terminus de la ligne Igney-Avricourt-Cirey.

CONFLANS (alt. 191 m.) Village de 900 habitants, sur la rive droite de l'Orne au confluent de l'Yron.

La gare est à 2 kilomètres sur la ligne de Verdun à Metz.— *Loueur de voitures à Conflans : Cordier-Memont.*

Hôtel du Grand Cerf, propr. Gille, 8 lits de 6 à 7 fr., petit déjeûner 1 fr. 50, déjeûner et diner 7 fr. vin compris. 🚋 40.

DIEULOUARD (alt. 185 m.) Bourg de 2,600 habitants, bâti en face d'une île de la Moselle occupée par des champs de houblon et par des prairies.

Station de la ligne Nancy-Metz.

DOMBASLE-sur-MEURTHE (alt. 210 m.). Localité de 7000 habit., au débouché du vallon du Sanon.

Ligne de Nancy à Lunéville.

GERBÉVILLER (alt. 254 m.) Très ancienne petite ville de 1600 habitants, sur la Mortagne, a été presque complètement anéantie en août 1914.

Station de la ligne Nancy-Rambervillers.

Hôtel de Lorraine, prop. René Munsch, 14 lits à 8 f., petit déjeûner 2 fr. 50, déjeûner et diner 8 et 9 fr., pension 20 fr.

LIVERDUN (alt. 215 m.) Bourg de 1650 habitants, ancienne ville fortifiée dans un site très pittoresque, sur un haut promontoire, au pied duquel la Moselle décrit une boucle régulière.

Station du chemin de fer de Bar-le-Duc à Nancy.

Hôtel des Vannes, propr. J. Collé, 7 chambres, pension 20 à 25 fr. 🚋 2.

LONGUYON (alt. 220 m.) Petite ville de 4.824 habitants joliment située entre des collines boisées au confluent de la Chiers et de la Crusne.

Station du chemin de fer de Thionville à Charleville.

Service automobile pour Mangiennes deux fois par jour. Prix 3 fr. 80.

LONGWY (alt. Longwy-Bas 255 m., Longwy-Haut 378 m.) Les deux villes, dont la haute a été presque entièrement détruite par le bombardement d'août 1914 ont 11,200 habitants. Elles sont reliées par un tramway.

Station de la ligne Reims-Luxembourg.

Hôtel du Commerce, prop. Jean Day, 40 lits de 10 à 15 fr., petit déjeûner 3 fr. 50, déjeûner et diner 10 fr. 🕭 80. Ⅲ

Hôtel Terminus, propr. Achille Lafontaine, 18 lits à partir de 7 fr.

LUNÉVILLE (alt. 230 m.) Ville de 25,000 habitants au milieu d'une large et belle vallée entre la Meurthe et la Vezouse. La ville, moderne et bien bâtie, est animée par le mouvement d'une forte garnison.

Station de la ligne Nancy à Strasbourg.

Hôtel des Halles. propr. Emile Godard, 30 lits de 8 à 14 fr., petit déjeûner 2 fr. 50, déjeûner et diner 8 fr. 🕭 40. Ⅲ EC

Hôtel des Vosges, propr. René Oriot, 33 lits de 7 à 20 fr., petit déjeûner 2 fr. 50, déjeûner et diner 8 fr. 50 🕭 0.50.

MARS-LA-TOUR (alt. 239 m.) Village de 750 habitants, autrefois petite place de guerre avec château fort, à l'extrémité du champ de bataille de Metz en 1870. Souvenirs et monuments de la guerre de 1870.

Station de la ligne Nancy à Longuyon.

Hôtel Central, prop. Simon Colette, 15 lits de 6 à 8 f., petit déj. 1 fr. 50, déjeûner et diner 7 fr. vin compris, pension 12 à 15 fr. Ⅲ

NANCY (alt. 200 m.) Chef-lieu du département de Meurthe-et-Moselle, 120,000 habitants, siège d'un Evêché, d'une Cour d'Appel, d'une Université ; Ecole Forestière ; quartier général du 20ᵉ Corps d'armée ; s'étend dans la large vallée de la Meurthe au pied du Grand Couronné et sur les pentes douces de coteaux boisés.

Nancy est et veut rester la capitale de la Lorraine. La guerre de 1914-1918 qui avait momentanément paralysé son essor, malgré de fréquents bombardements, ne lui a pas causé des dégâts irréparables, et son avenir s'annonce brillant.

Au milieu de ses agrandissements modernes, Nancy conserve un ensemble unique de monuments du XVIIIᵉ siècle qui en font la ville la plus intéressante de France pour l'art de cette époque.

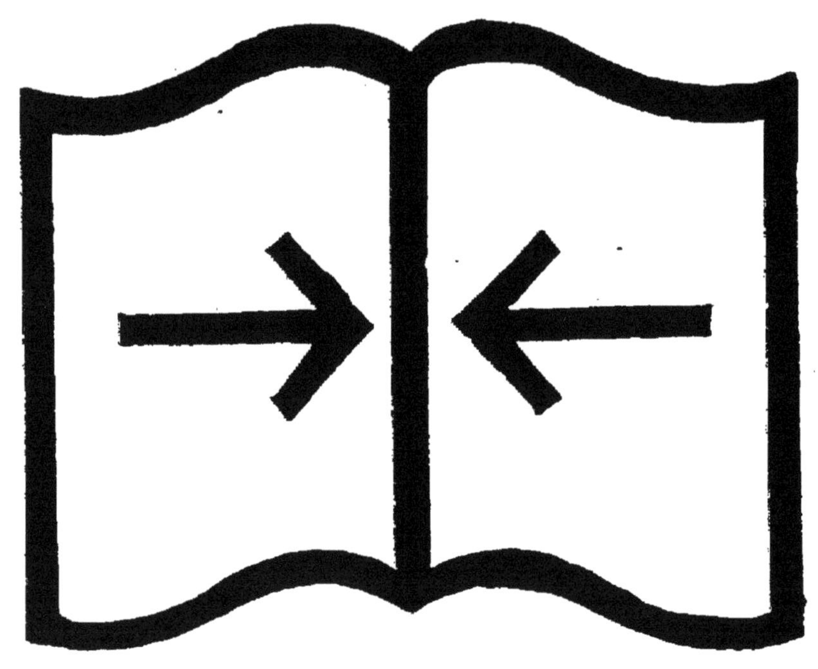

RELIURE SERRÉE
ABSENCE DE MARGES INTÉRIEURES

CENTRES DE VILLÉGIATURES & DE TOURISME
DE LA FÉDÉRATION DES VOSGES
La Chaine des Vosges est désignée par le signe
Longwy
THIONVILLE
ETZ
MOSELLE
SARREGUEMINES
WISSEMBOURG
Niederbronn
Woerth
Pont-à-Mousson
BAS
PARIS
MEURT
-ET-
Phalsbourg
SAVERNE
SARREBOURG
Wasselonne
Liverdun
NANCY
TOUL
STRASBOURG
M
LE
Blâmont
RHIN
UNÉVILLE
Cirey
Gerbéviller
le Donon
(1008)
Obernai
Ste Odile
(603)
Domrémy
Raon-l'Etape
C. de Saales
Senones
NEUFCHÂTEAU
ST DIÉ
Ste Marie
SÉLESTAT
MIRECOURT
de St Marie
Bruyères
C. du Bonhomme
RIBEAUVILLÉ
Vittel
ÉPINAL
Fraize
La Poutroye
COLMAR
Contrexéville
VOS
Gé   mer
HAUT
Le Linge
Martigny
Munster
C. de la Schlucht
le Hohneck
(1366)
REMIREMONT
RHIN
Bains
GUEBWILLER
Plombières
Bussan
B. de
Soultz
Guebwiller
(1426)
Vieil-Armand
Val-d'Ajol
Bresse
Bd. d'Alsace
THANN
(1250)
MULHOUSE
RHIN
Lille
ALLEMAGNE
Paris
FÉDÉRATION
DES VOSGES
Lyon
ITALIE
Bordeaux

Tous renseignements au Syndicat d'Initiative, 1, rue de la Ravinelle et Cour de la Gare.

• Station de la ligne Strasbourg-Paris.
Point de départ de la ligne Nancy-Metz.

Hôtel Américain, Place Saint-Jean, propr. Georges Marchal, 60 lits de 10 à 15 fr., petit déj. 2 f. 50 (pas de restaurant).
250.

Excelsior-Hôtel et *Grand Hôtel d'Angleterre*, Place Thiers, prop. Maujean, 120 lits de 14 à 45 fr., petit déjeûner 3 fr., déj. et dîner 12 fr., pension à partir de 45 fr. 463. Inter. 2747.

Hôtel de Belfort, prop. Schlegel, 46, rue Saint-Jean, 6 lits de 10 à 12 fr., petit déjeûner 2 fr. 50, déjeûner et dîner 9 fr. vin compris. 1302

Central-Hôtel, 6, Faubourg Stanislas, à gauche de la gare, prop. L. Bertrand, 40 lits de 10 fr., pas de restaurant.
0-63

Hôtel de la Comète, 26, rue Sainte-Catherine, prop. Albert Loiseleux, 14 lits de 8 à 15 fr., petit déj. 2 fr., repas 6.50 à 8 fr.

Hôtel Continental, 35, faub. Stanislas, prop. Bachert, 21 lits de 12 à 15 fr., pas de restaurant.

Hôtel des Deux-Hémisphères, place Thiers, 5, propr. Ch. Dengler, 46 lits de 12 à 25 fr., petit déjeûner 3 fr., pas de restaurant. 2136.

Hôtel de l'Etoile, propr. Beyler, 10, Faubourg Saint-Jean, chambres depuis 6 fr., petit déjeuner 1.50, déjeûner et dîner 5 fr. 50 vin compris. 2531

Hôtel de l'Europe, prop. Carmes-Meunier, rue des Carmes, 100 lits de 12 à 40 fr., petit déj. 3 fr., déjeûner et dîner 12 fr.
206.

Hôtel du Faisan, 16, rue des 4 Eglises, propr. Cordonnier, 20 lits de 8 à 12 fr., petit déjeûner 2 fr., déj. et dîner 8 fr. 50 avec vin. 8-10

Hôtel Félix-Faure, rue du Sergent Blandan, prop. F. Garnier, 20 lits de 8 à 10 fr., petit déj. 1 fr. 75, repas 4 fr. 50 et 6 fr. 50. 3118.

Hôtel de France, en face de la Gare, propr. E. Paillart, 25 lits de 7 à 16 fr., petit déj. 3 fr., repas 9 fr. avec vin. 542.

Hôtel du Foyer des Etudiants 16, Cours Léopold, gérant Ziegler, 50 lits de 8 à 10 fr., petit déjeûner 1 fr. 50, déjeûner et dîner 3 fr. 75 à 6 fr. pension depuis 12 fr. par jour. 009.
(Ouvert de juillet à novembre).

Hôtel de la Gare, 16, Faubourg Saint-Jean, propr. Chaligny, 12 lits de 8 à 12 f., petit déj. 2 f. 25, repas 6 f. 50 et 8 fr. vin compris. 1365.

Grand Hôtel, place Stanislas, propr. Société du Grand Hôtel, 150 lits de 15 à 50 fr., petit déj. 5 fr., déjeûner 18 fr., dîner 22 fr. pension de 40 à 80 fr. 428.

Hôtel Jeanne d'Arc, 90, rue Jeanne-d'Arc, propr. Aimé

Levent, 22 lits de 7 à 12 fr., petit déjeûner 2 fr., déjeûner et dîner 7 fr. 75 vin compris, pension à partir de 22 fr. ☎ 1794. EC

Hôtel *National*, 4, rue Piroux, propr. M. François, 24 lits de 7 à 10 fr., pas de restaurant. ☎ 9-15 ⒞

Hôtel *de la Poste*, 54, Place de la Cathédrale, prop. Edouard Meire, 54 lits de 10 à 16 fr. ☎ 801 ⒞ EC

Hôtel *Sainte-Marie*, rue MonDésert. 36-38, propr. M. Inglebert, 15 lits de 8 à 12 fr., petit déj. 1 fr. 25, repas 5 et 6 fr. 50 vin compris. ☎ 1477

Hôtel *de Strasbourg*, place Saint-Jean, propr. A. Vogt. 60 lits de 11 à 17 fr., petit déjeûner 2 fr. 50, déjeûner et dîner 7 fr. 50. ☎ 522. ⒞ EC

Hôtel *Terminus*, place de la Gare, prop. Deugler et Wasch, 26 lits de 10 à 30 fr., (pas de restaurant). ☎ 668. ⒞ · EC ·

Hôtel *de la Tête d'Or*, 12, rue des Ponts, prop. Charles Merlin, 32 lits de 9 à 16 fr., petit déj. 2 fr. 50, déj. et dîner 8 fr. 50 avec vin. ☎ 19-51 ⒞

Hôtel *des Thermes*, 60, rue du Sergent Blandan, propr. Defranoux, 20 lits de 10 à 12 fr., petit déj. 2 fr., repas 7 à 8 fr. vin compris, pension 20 à 25 fr. ☎ 1165. ⒞

Hôtel *Thiers*, place Thiers, directeur A. Radiguet, 180 lits de 12 à 50 fr., petit déjeûner 3 fr. 50, déjeûner et dîner 10 fr. ☎ 1577, 1546, 1574. ⒞ EC

Hôtel *de l'Univers et du Commerce*, rue des Carmes, prop. M. Denis, 100 lits de 10 à 12 fr., petit déj. 2 fr. 50, repas 10 fr. vin compris. ☎ 3.87 ⒞ EC

Hôtel *du XXe Siècle*, 15, rue St-Dizier, prop. M. Chipot, 15 lits de 8 à 15 fr., petit déj. 1 fr. 75, repas 4 à 6 fr. ☎ 12.33.

PONT-A-MOUSSON (alt. 181 m.) **Ville de 10,000 habitants que la Moselle divise en deux parties sérieusement endommagées par les obus allemands. De gracieux coteaux ondulés, aux pentes couvertes de bois, de vignes et d'arbres fruitiers s'élèvent le long de la rivière. Les environs offrent de nombreuses promenades charmantes et variées.**

Tous renseignements au Syndicat d'Initiative, 9, place Duroc.

Station de la ligne de Nancy à Metz.

Central-Hôtel, prop. A. Brogard, 10 lits de 8 à 12 fr., petit déj. 2 fr., déjeûner et dîner 7 fr. 50, pension 22 fr.

Hôtel *de la Providence*, propr. Girardon, 20 lits de 8 à 10 fr., petit déjeuner 2 fr. 50, déj. et dîner 8 fr. vin compris, pension 25 fr. ☎ 29. ⒞

Hôtel *de la Poste*, prop. Victor Hugo, 22 lits de 12 à 16 fr., petit déj. 2 fr. 50, déj. et dîner 10 et 15 fr.

PONT-SAINT-VINCENT (alt. 222 m.), **2,700 habitants sur la rive gauche de la Moselle au confluent du Madon et au pied de la côte Sainte-Barbe. Charmantes promenades aux environs, particulièrement dans la forêt de Haye.**

Station du chemin de fer de Dijon à Nancy.

PRAYE-sous-VAUDÉMONT (alt. 319 m.) Station entre Mirecourt et Pont-Saint-Vincent où l'on descend pour visiter Notre-Dame de Sion.

ROSIÈRES-aux-SALINES (alt. 211 m) Village de 2.300 habitants sur les deux rives de la Meurthe.

La station est d'..tante de 1 k. 5 sur la ligne de Nancy à Strasbourg.

Loueur de voitures à Rosières : Paquot.

Maison de Retraite et de Villégiature Sainte-Odile, 60 lits, pension 18 fr. ☎ 12. ✉

SAINT-NICOLAS-DU-PORT (alt. 232 m.) Lieu de pèlerinage de 5,900 habitants et bâti en amphithéâtre au-dessus de la rive gauche de la Meurthe.

Station Varangéville-Saint-Nicolas de la ligne Nancy à Lunéville. Tramways depuis Nancy.

SION – VAUDÉMONT (La Colline Inspirée), (altitude 495 mètres). Village de 110 habitants sur une croupe à 162 mètres au-dessus de la plaine. Célèbre par son pèlerinage à Notre-Dame-de-Sion.

Station de Praye-sous-Vaudémont sur la ligne de Nancy à Mirecourt.

Hôtel N.-D. de Sion, prop. Albert Marchis, 15 lits de 6 à 8 fr., petit déj. 1 fr. 25, repas de 9 à 10 fr. vin compris, pension 15 à 18 fr.

Hôtel des Pèlerins, propr. Aug. Sichez. 15 lits de 6 à 8 fr., petit déjeûner 1 fr. 50, déjeûner et dîner 7 à 9 fr. vin compris, pension 20 fr.

TOUL (altit. 209 m.) Place de guerre de première classe. Ville de 15,900 habitants située en plaine sur la rive gauche de la Moselle, au centre d'un camp retranché dont les forts entourent les hauteurs environnantes.

Station de la ligne Bar-le-Duc-Nancy.

Hôtel de la Comédie, prop. Georges Causin, 30 lits à 10 fr., petit déj. 2 fr., repas 12 fr. vin compris. ☎ 66. ✉

Hôtel de la Gare, prop. E. Colin, 24 lits de 10 à 18 fr., petit déj. 2 fr. 50, repas 8 et 10 fr. vin compris. ☎ 58. ✉ ✉

Hôtel de Metz, prop. Constant Weil, 20 lits de 7.50 à 13 fr., petit déjeûner 2 fr. 50, déj. et dîner 8 fr. 50. ☎ 79. ✉ ✉

MOSELLE

ABRESCHWILLER (alt. 290 m.) Bourg de 1500 habitants sur la Sarre-Rouge, séjour d'été très fréquenté et bon centre d'excursions au voisinage de belles hauteurs boisées.

Terminus de la ligne Sarrebourg-Abreschwiller.

Hôtel Cayet, prop. Joseph Cayet, 30 lits de 8 à 12 fr., petit déjeûner 2 fr. 50, déjeûner et dîner 8 fr., pension 25 fr. 🚌 9.

BÆRENTHAL (altit. 205 m.) Dans une délicieuse situation sur la rive gauche de la Zinzel. Centre d'excursions.

Station Philippsbourg de la ligne Haguenau-Bitche.

Hôtel des Deux Clefs, prop. R. Haury, 20 lits à 6 fr., petit déj. 2 fr. 50, déj. 8 fr., dîner 6 fr., pension 18 fr.

Hôtel du Tilleul, propr. Schæffer-Spoor, 20 lits de 4 à 5 fr., petit déjeûner 2 fr. 50, déjeûner 7 à 8 fr., dîner 5 à 6 fr,. pension depuis 17 à 18 fr. 🚌

BITCHE (alt. 306 m.) Ville de 3,152 habitants située à la base d'une colline boisée qui porte sur sa plate-forme un fort célèbre.

Station de la ligne Haguenau-Sarreguemines.

Hôtel de Metz, prop. Lelorrain, 20 lits de 8 à 12 fr., petit déjeûner 2 fr. 50, repas 6 et 9 fr., pension 28 fr. 🚌 5.

Hôtel du Raisin, prop. veuve Jean Ernst, 18 lits de 5 à 9 f., petit déj. 2 fr. 50, repas 7 à 8 fr., pension 25 fr.

BOULAY (alt. 213 m.) Ancienne ville fortifiée, détruite par les Français en 1624.

Station de la ligne de Metz-Sarreguemines.

Hôtel du Lion d'Or, prop. Emile Bœsap, 12 lits de 7.50 à 12 fr., petit déjeûner 2 fr., déjeûner et dîner de 5 à 10 fr., pension de 18 à 40 fr.

CHATEAU-SALINS (alt. 250 m.) Petite ville située sur la rive droite de la petite Seille, vieux château, église du XVI siècle.

Station des lignes de Château-Salins à Metz et de Mancelle à Sarreguemines.

Hôtel de la Couronne, propr. Henri Zislin, 25 lits de 8 à 10 fr., petit déj. 2 fr. 50, déj. et dîner 9 à 10 fr., pension 30 fr. 🚌 ᴬᴬ. ᴱᴄ.

Hôtel Vallet, propr. L. Vallet, 6 lits depuis 7 fr., petit déjeûner 2 fr. 50, déjeûner 7 à 8 fr., dîner 7 à 8 fr., pension 25 fr.

N'aller à la Montagne qu'en juillet et août, c'est vouloir ignorer sa beauté et son charme.

DABO (alt. 480 à 510 m.). Centre d'une commune de 2.200 habit,, formée par des hameaux éparpillés au milieu d'immenses forêts qui couvrent 12000 hectares d'un seul tenant.

Station Lutzelbourg à 12 km. sur la ligne Saverne-Sarrebourg.

Service d'automobile Lutzelbourg-Dabo, deux fois par jour, simple course 5 fr., aller et retour 10 fr.

Hôtel Bellerue, propr. Ch. Grunenwald, 40 lits de 12 fr. 50 à 15 f., petit déj. 4 fr., repas 12 à 15 f., pension 35 à 40 f. 5.

Hôtel Bour, propr. Eugène Bour, 40 lits de 8 à 10 fr., petit déjeûner 2 fr., déjeûner et diner 10 à 14 fr., pension 26 à 30 fr. 6.

Hôtel Christophe, au Rocher (altitude 664 mètres propr. Christophe, 9 lits de 8 à 10 fr., petit déjeûner 3 fr., déjeûner et diner 8 à 14 fr., pension 25 fr.

Hôtel des Vosges, prop. Paul Kaës, 15 lits de 5 à 8 fr., petit déj. 2 fr. 50, repas 8 à 12 fr., pension 22 à 25 fr.

DIEUZE (alt. 210 m.) Ville d'origine très ancienne de 3.160 habitants, sur la Seille.

Station de la ligne Nouvel-Avricourt-Benestroff.

Hôtel du Lion d'Or, propr. Liard-Perrein, 20 lits de 7 à 9 fr., petit déjeûner 2 fr. 50, déjeûner et diner 9 fr., pension 20 fr. 18. cc

FORBACH (alt. 219 m.) Ville industrielle de 10,000 habit., située au pied d'une colline boisée et dominée par les ruines du château de Schlossberg.

Station de la ligne Metz-Sarrebruck.

GORZE (alt. 190 m.) situé dans un vallon pittoresque, point de départ pour la visite des champs de bataille de 1870.

Station Novéant de la ligne Nancy-Metz. Tramway électrique Novéant-Metz.

Loueur de voitures à l'Hôtel Habillon.

GROSSMANN (alt. 817 m.) Maison Forestière à 10 minutes du sommet du Grossmann (960 m.) d'où l'on jouit d'une belle vue. Station Lutzelhouse de la ligne Strasbourg-Saales (9 k.)

HANAU (Étang de) (alt. 235 m.) Dans une jolie situation au milieu de la forêt.

Stations Bannstein à 3 kilom. ou Philippsbourg, à 4 km. de la ligne Haguenau-Sarreguemines. Poste à Eguelshardt.

Auto-cars de la Route des Vosges, circuit Strasbourg-Niederbronn-Lac de Hanau-Strasbourg.

Hôtel de l'Etang de Hanau, prop. E. Schmitt, 40 lits de 10 à 15 fr., petit déj. 3 fr. 50, déj. 15 fr., diner 12 fr., pension de 25 à 30 fr. Philippsbourg 2

LA HOUBE (alt. 620 m.) Hameau à 7 km. de Dabo. Très belle situation à la lisière de la forêt. Accès par la route ou les sentiers depuis Dabo.

Hôtel Saint-Léon, prop. F. Schwaller, 20 lits depuis 5 fr., petit déj. 2 fr. 50, repas 6 et 8 fr., pension 20 à 22 fr.

LEMBERG (alt. 390 m.) Village de 1700 habitants, entre le Schwalbach et le Linzel, carrière de belles pierres blanches.

Station de la ligne Haguenau-Sarreguemines.

Hôtel de la Gare, prop. Louis Heitzmann, 20 lits à 6 fr., petit déj. 1 fr. 75, déj. 8 fr., diner 7 fr. 50, pension 18 fr.

LUTZELBOURG (alt. 225 m.) Bourg lorrain, sur la Zorn, dominé par les ruines du château de Lutzelbourg.

Station de la ligne Strasbourg-Saverne-Sarrebourg-Paris.

Service d'auto-cars 4 à 6 fois par jour pour Dabo, prix simple course 5 fr., aller et retour 10 fr.

Hôtel de la Gare, propr. A. Nonnenmacher, 40 lits depuis 6 fr., petit déjeûner 2 fr., déjeûner 8 fr., diner 8 fr., pension 25 fr. 8.

Hôtel de la Marne, prop. J. Schwartzmann, 15 lits de à 6 fr., petit déj. 2 fr., repas 8 fr., pension 22 fr.

Hôtel des Vosges, propr. Eug. Gerber, 16 lits de 5 à 6 fr., petit déj. 2 fr., déj. et diner 7 fr. 50, pension 22 fr. 9 EC.

METZ (alt. 173 m.) Préfecture de 63,000 habitants agréablement située au confluent de la Seille et de la Moselle qui s'y divise en plusieurs bras. Place forte de 1er ordre, le public est admis à visiter les forts. Origine remontant à plus de 2000 ans, ancienne capitale de l'Austrasie.

Tous renseignements au Syndicat d'initiative place de la Gare.

Point de départ des lignes pour Paris, Nancy, Verdun, Trèves, Sarreguemines, Dillingen, Sarrebruck, Luxembourg. Bruxelles.

Service d'auto-cars pour Verdun pendant la saison, dép. à 7 h.

Différents services pour la visite des champs de bataille. S'adresser Garage Autavia.

Hôtel d'Alsace, prop. Mme Quirbach, 50 lits de 10 à 12 fr., petit déj. 2 fr. 50, déj. et diner 7 à 9 fr. 102.

Hôtel Central, 13. rue des Augustins, prop. Michel Beffort, 70 lits de 8 à 20 fr., pas de restaurant. 570.

Hôtel de la Gare, place de la Gare, prop. Albert Haunel, 60 lits de 8 à 12 fr., pas de restaurant. 295

Grand Hôtel 4 rue des Clercs, propr. Hervier, 100 lits de 12 à 35 fr., petit déj. 4 fr., déj. 12 fr., diner 14 fr., pension à partir de 35 fr. 46. EC

Hôtel de Lorraine, 14, Place Saint-Simplice, prop. Joseph Hazard, 10 lits de 6 à 10 fr., petit déj. 2 fr. 50, repas 5 et 8 fr. 50 🚗 2120. 📞

Hôtel de la Lune, 12, Place d'Armes, propr. Joseph Gyss, 15 lits de 7 à 10 fr., petit déj. 1 fr. 50, repas 6 à 8 fr., pension 20 à 25 fr. 🚗 220.

Hôtel de Metz et Continental, 3, rue des Clercs, prop. Trap, 70 lits de 10 à 12 fr., petit déj. 3 fr. 50, déj. et diner 10 fr. 🚗 48. 📞 ℡

Hôtel Moderne, 1, rue Lafayette, prop. G. Gorgelier. 40 lits de 8 à 20 fr., petit déj. 2 fr. 50, repas 5 à 7 fr. 50, chambre et pension depuis 25 fr. 🚗 1404. 📞 ℡

Hôtel Moitrier en Chaplerue, propr. Ringenbach-Bruckler. 20 lits de 10 à 12 fr., petit déj. 3 fr., déj. et diner 12 fr., pension à partir de 30 fr. 🚗 43. 📞

Hôtel National, 3, Place de la Gare, prop. Lucien Erman, 90 lits de 9 à 20 fr., petit déj. 2 fr. 50, déj et diner 6 à 9 fr. 🚗 313. 📞

Hôtel de la Poste, Paul Hazard, 38, rue des Clercs, 27 lits de 7 à 12 fr., petit déj. 2 fr. 50, déj. et diner 5 et 8 fr. 🚗 118. 📞

Hôtel Royal, 23, Avenue Foch, prop. Duverneuil. 220 lits de 12 à 20 fr., petit déj. 4 fr., déj. 15 fr., diner 18 fr. 🚗 277 📞 ℡

Hôtel Métropole et de l'Union, 5, Place de la Gare, prop. Adolphe Mebille, 50 lits 10 à 20 fr., petit déj. 2.50 à 3 fr., repas 7 fr. 50 à 10 fr. 🚗 21. 📞 ℡

MORHANGE (alt. 325 m.) Petite ville ancienne de 2.500 habitants, bâtie sur l'emplacement d'une ville romaine dans un site pittoresque.

Station de la ligne Metz-Sarrebruck à 3 km.

Autobus pour la ville.

Hôtel Central, propr. Maurice Haselbauer, 18 lits de 7 à 10 fr., petit déj. 3 fr., déj. et diner 10 fr. 🚗 54.

PHALSBOURG (alt. 330 m.) Ville de 3,800 habitants, sur un plateau sur la route de Paris à Strasbourg.

Station de la ligne Lutzelbourg à Phalsbourg et à Drulingen.

SAINT-AVOLD (ait. 250 m.) Ville manufacturière de 4.000 habitants, à la lisière de la forêt de Creutzwald.

Station à 3 km. de la ligne de Metz-Sarrebruck.

Tramway de la station à la ville.

SAINT-QUIRIN (alt. 325 m). Village de 1,100 habitants, bâti sur la Sarre Rouge.

Station Vasperwiller sur la ligne de Sarrebourg à Abreschwiller (à 4 km.) ; ou Cirey, terminus de la ligne Avricourt-Cirey (à 12 km).

Hôtel du Soleil. prop. Georges Wolff, 11 lits de 5 à 8 fr., petit dèj. 3 fr., repas 9 fr., pension 22 fr.

SARRALBE alt. 211 m.) Ville de 3.954 habitants, entre l'Albe et la Sarre qui se réunissent en aval de la ville. Salines très importantes.

Station de la ligne Sarreguemines-Sarrebourg.
Embranchement Sarralbe-Kalhausen.

Hôtel Central, propr. G. Heydel, 12 lits depuis 5 fr., petit déj. 1 fr. 50, déj. et diner 6 fr.

SARREBOURG, (alt. 294 m.) Ville de 6,000 habitants, sur la rive droite de la Sarre.

Station de la ligne Paris-Nancy.

Courrier régulier pour Niderwiller deux fois par jour. Prix 1.50.

Hôtel Abondance, prop. Victor Bour, 22 lits de 6 à 8 fr., petit déj. 2 fr. 50, repas 6 et 8 fr., pension 20 à 24 fr. 148.
Hôtel Bour, propr. Ley-Cadé, 26 lits de 8 à 10 fr., petit déjeûner 2 fr. 50, repas 8 fr., pension de 24 à 28 fr. 117. EC.
Hôtel du Lion d'Or, propr. Emile Schwœgler, 21 lits de 7 à 8 fr., petit déjeûner 2 fr. 50, déjeûner et diner 8 fr., pension 24 fr. 112.

SARREGUEMINES (alt. 202 m.) Ville industrielle de 15,500 habit., important nœud de chemins de fer sur la rive gauche de la Sarre, à son confluent avec le Blies.

Station de la ligne Strasbourg-Sarrebruck.

SIERCK (alt. 202 m.) Petite ville de 1.177 habitants sur la Moselle au pied du Stromberg. Sources d'eaux minérales exploitées, chlorosodiques, bromurées et iodurées.

Station de la ligne Thionville-Perl.

THIONVILLE (alt. 150 m.) Important centre industriel et commerçant de 15,000 habitants, s'étend sur une longueur de plus de 2 kilomètres sur la rive gauche de la Moselle qui y atteint 125^m de largeur. Les faubourgs et la région industrielle ont plus de 100.000 habitants.
Tous renseignements au Syndicat d'Initiative, place du Marché, 8.
Station de la ligne Metz-Luxembourg.

Hôtel Central, prop. Georges Krieger. 24 lits de 8 à 14 fr., petit déj. 2 fr. 50, repas 8 fr. 50.
Hôtel de France, prop.   , 28 lits de 10 à 14 fr., petit déj. 2 fr. 50, repas 6 à 9 fr. 4.
Hôtel Saint-Hubert, prop. François Rott, 24 lits de 10 à 15 fr., petit déj. 2 fr. 50, repas 10 fr. 121.

VIC-SUR-SEILLE (alt. 208 m.) Ancienne ville de 1.800 habitants, sur la Seille, dans une contrée fertile dont les vignobles produisent un vin rouge estimé.

Terminus de l'embranchement Burthecourt-Vic-sur-Seille.

Hôtel St.-Christophe, propr. E. Voizard, 8 lits à 8 fr., petit déj. 2 fr., déj. et diner de 10 à 15 fr. 15. EC.

VOSGES

ALLARMONT (alt. 350 m) Dans un bassin de prairies, au confluent de la Sciotte et de la Plaine dans la vallée de Celles.

Station du tramway à vapeur de Raon-l'Étape à Raon sur-Plaine.

Hôtel de la Poste, propr. Veuve Jules Pierrel, 15 lits de 6 à 8 fr., petit déj. 2 fr., repas 8 fr. pension 22 à 25 fr.

ARCHES (alt. 352 m.) Sur la rive gauche de la Moselle.

Embranchement sur la ligne Epinal-Gérardmer.

Courrier automobile pour Raon-aux-Bois deux fois par jour, prix 2 fr.

BAINS-LES-BAINS (alt. 325 m) Station Thermale de 2,400 habit. petite ville calme, à demi villageoise, bâtie dans une riante vallée sur les deux rives du Bagnerot, torrent affluent du Coney. Elle est environnée de forêts superbes qui descendent jusqu'au parc même de l'Etablissement Thermal — Ses eaux chaudes (38 à 51°) figurent parmi les plus radio-actives.

Tous renseignements au Syndicat d'Initiative, Galeries Réunies, place de l'Hôtel-de-Ville.

A 4 kil. 5 de la station sur la ligne Epinal-Aillevillers.

Service d'autobus, correspondance à tous les trains.
Service d'auto-cars de la C^e des Ch. de Fer de l'Est-Vittel-Colmar par Contrexéville, Bains-les-Bains, Plombières, Remiremont, Gérardmer, La Schlucht.

Service automobile 3 fois par jour pour Fontenoy-le-Château. Prix 3 fr.

Hôtel Mathieu, propr. Auguste Mathieu, 35 lits de 8 à 12 fr., petit déjeûner 1 fr. 50, déjeûner et diner 8 fr., pension 22 à 25 fr.

Hôtel de la Poste, propr. G. Vizzolini, 20 lits de 8 à 10 fr., petit déjeûner 1 fr. 50, déjeûner et diner 9 fr. vin compris pension 25 fr. 1

Hôtel des Sources, propr. Mme Vve Chevreux, 20 lits, de 8 à 12 fr., petit déj. 2 fr. 50, repas 8 à 10 fr., pension 30 à 55 fr. 23.

Grand Hôtel, prop. Société de l'Etablissement Thermal, 160 lits de 8 à 18 fr., petit déjeûner 3 fr., déj. 12 fr., diner 14 fr., pension 50 à 55 fr. 8

Villa Beauséjour, prop. Ernest Cugnot, 20 lits de 6 à 8 fr., petit déj. 2 fr. 50, repas 8 fr., pension 25 à 30 fr. ⚓ 25 EC

Pension Corbolin, prop. Mlle Marie Corbolin, 12 lits de 5 à 7 fr., petit déj. 1 fr. 50, repas 6 fr., pension 17 fr.

Pension Launois, propr. Mlle Launois, 12 lits de 6 à 8 fr., petit déj. 1 fr. 50, repas 7 fr., pension 20 à 25 fr.

Villa des Thermes, pension de famille, propr. J. Cugnot, 30 lits de 6 à 8 fr., petit déj. 2 fr. 50, repas 10 fr. pension 22 fr. à 30 fr. ⚓ 25

Villa Chantal, (réservée aux ecclésiastiques), propr. Syndicat Ecclésiastique de Saint-Dié. 12 lits, pension 20 fr. vin compris.

Villa des Eglantiers, propr. Mme Déchaseaux, rez-de-chaussée 4 pièces, 1er étage 5 pièces, au 2e chambres pour domestiques. Pendant la saison 1000 fr. par mois, hors saison 750 fr. par mois.

Maison Chevalme, prop. Albert Chevalme, 20 lits de 4 à 5 fr., ne donne pas à manger.

Maison Genin, propr. Mlle Genin, 3 appartements meublés.

Maison Michel Mougeot, propr. Michel Mougeot, 2 appartements meublés de 4 pièces chacun.

Maison Notter, propr. M. Notter, un appartement meublé de 4 pièces, prix à débattre. ⚓ 21.

Villa Raoul, prop. M. Mougin, 3 appartements meublés.

Villa des Roses, propr. Mme veuve Grandjean, 5 chambres et 1 cuisine 700 fr. par mois.

Maison Louis Vieille, propr. M. Louis Vieille, 1er étage 5 pièces, 2e étage 4 pièces meublées.

BALLON D'ALSACE (alt. 1232 m.) Point culminant des Vosges méridionales. Table d'orientation. Ancienne limite frontière, v panoramique grandiose. La nouvelle route de Sewen au Ballon d'Alsace, construite en 1917, est une des plus belles des Vosges et rejoint la route Joffre à Massevaux.

Auto-cars des Chemins de fer d'Alsace-Lorraine et de l'Est pendant la saison : Mulhouse-Ballon d'Alsace et Belfort-Ballon d'Alsace.
Auto-cars des Ch. de Fer de l'Est Belfort-Gérardmer-Belfort,

Grand Hôtel du Ballon d'Alsace, prop. Lalloz-Martzloff, 70 lits de 10 à 20 fr., petit déj. 4 fr., repas 12 fr., pension de 28 à 40 fr. ⚓ par Giromagny et par Sewen EC

Hôtel Stauffer et du Sommet, propr. Léon Stauffer, 45 lits de 12 à 15 fr., petit déjeûner 3 fr. 50, repas 12 fr., pension 24 à 30 fr, ⚓ Saint-Maurice 11. EC

BRUYÈRES (alt. 479 m.) **Chef-lieu de canton de 4,500 habitants dans une charmante situation, entre de hautes collines boisées.**

Embranchement sur la ligne Epinal-Gérardmer.

Courrier (voitures à chevaux) pour Grandvillers deux fois par jour. Prix 1 fr. 50.

Hôtel de l'Agriculture, propr. Th. Tuaillon, 40 lits de 8 à 12 fr., petit déjeûner 2 fr. 50, déjeûner 10 fr., diner 9 fr., vin compris, pension 26 fr. 50. EC

Hôtel de Paris, 9, rue de l'Eglise, prop. Vve Edmond Bouchon, 14 lits de 6 à 8 fr., petit déj. 2 fr., repas 8 fr. vin compris, pension 22 fr. 21.

Hôtel de la Renaissance, propr. E. Antoine, 14 lits à 6 fr., petit déjeûner 2 fr., déjeûner et diner 8 fr., vin compris, pension 22 fr. 14.

BULGNÉVILLE (alt. 480 m.) **Chef-lieu de canton de 890 habitants, à l'entrée de la vaste forêt de Bulgnéville. (Chêne des partisans).**

Station Aulnois-Bulgnéville de la ligne Epinal-Neufchâteau (7 kilom.)

Courrier de la station à Bulgnéville : départ matin à 8 h., arrivée 9 h. 1/4 ; départ soir 8 h., arrivée 9 h. 1/4. Prix 2 fr. Courrier et voitures : Bourdouche.

Hôtel du Commerce, propr. R. Berthelot, 5 lits depuis 5 fr., petit déjeûner 1 fr. 25. déjeûner et diner 7 fr vin compris, pension 17 fr.

Hôtel du Lion d'Or, prop. Adrien Goyé, 6 lits de 3.50 à 5 fr. petit déj. 1 fr. 25, repas 7 fr. avec vin, pension 20 fr.

BUSSANG (alt. 621 m.) **2.900 habitants, sur la Moselle naissante. Après Gérardmer, la station d'été la plus fréquentée des Vosges, grâce à ses sources minérales et à sa belle situation qui en fait un excellent centre d'excursions dans la montagne. Au point de vue des baigneurs et des touristes, Bussang est divisé en deux parties. Bussang-village, centre de la commune, près de la Gare. Les sources minérales avec un Etablissement d'hydrothérapie à 2 kilomètres en amont du village à 675 mètres d'altitude.**

Terminus de la ligne Epinal-Bussang.

Service automobile pour Wesserling à tous les trains. Prix 4 fr.

Auto-car des Chemins de Fer de l'Est Belfort-Gérardmer-Belfort par le Ballon d'Alsace, Bussang, la Route des Crêtes, la Schlucht, Gérardmer, Cornimont, St-Maurice.

Hôtel des Deux-Clefs, propr. Goyas et Heulling, 35 lits de 8 à 10 fr., petit déjeûner 2 fr. 50, déjeûner et diner 9 fr. pension 25 à 28 fr. 🚂 1.

Grands Hôtels des Sources, prop. Compagnie des Grandes Sources, 140 lits de 14 à 20 fr,, petit déj. 4 fr., repas 14 fr., pension 30 à 45 fr. 🚂 3. (ouvert du 10 Juin au 20 Septembre).

CELLES-SUR-PLAINE (alt. 315 m.) Excellent centre d'excursions, dans une très belle situation sur la Plaine.

Station du tramway à vapeur de Raon-l'Etape á Raon-sur-Plaine.

APPARTEMENTS MEUBLÉS : *Mme veuve Clochette*, appartement dans le village, 400 mètres de la forét, 1 cuisine, 2 pièces, 2 lits. — *M. Joseph Jeannequin*, 2 cuisines, 6 pièces, 5 lits. — *M. Charles Mougeot*, 2 cuisines, 6 pièces, 5 lits. — *Mme Joséphine Fournier*, 1 cuisine, 3 pièces, 3 lits. Pour les prix s'adresser à M. Camille Aubry.

CHARMES (alt. 201 m.) Petite ville industrielle de 4200 habitants, sur la rive gauche de la Moselle et au pied du signal de Charmes.

Station de la ligne Nancy-Epinal.

Hôtel de la Gare, propr. Gustave Valance, 8 lits à 6 fr., petit déjeûner 2 fr., déjeûner et diner 9 fr. vin compris. 🚂 14.

CHATEL-sur-MOSELLE (alt. 298 m.) Petite ville ancienne de 1.500 habitants, bâtie en amphithéâtre sur la rive droite de la Moselle.

Station de la ligne Nancy-Epinal.

CLEFCY (alt. 500 m.) Joli village aux maisons entourées de jardins, de noyers et de vergers et disséminées sur les deux rives de la Petite-Meurthe.

A 6 kilom. 5 de la station de Saint-Léonard de la ligne Saint-Dié-Arches.

APPARTEMENTS MEUBLÉS : *M. Quérin Joseph*, 1 chambre à coucher et 1 cuisine, 1 lit, jardin ; 100 fr. par mois.

CONTREXÉVILLE (alt. 342 m) Station balnéaire fréquentée, joli bourg de 805 habitants, situé dans le vallon verdoyant du Vair, affluent de la Meuse. Etablissement hydrominéral, Casino, vaste parc ombragé. Eaux très recommandées pour le traitement de la goutte, de la gravelle et des affections des voies urinaires.

Tous renseignements: Syndicat d'Initiative, Galeries de l'Etablissement Thermal.

Chemin de fer de Nancy à Langres.

Service d'auto-cars Colmar-Vittel par Contrexéville, Bains-les-Bains, Plombières, Remiremont, La Schlucht 2 fois par semaine et Colmar-Contrexéville par Vittel-Epinal-Gérardmer 2 fois par semaine.

Hôtel d'Alsace, propr. Sétian, 90 lits de 12 à 25 fr., petit déj. 3 fr., déjeûner et diner 12 fr., pension 35 à 40 fr. 🚋 33.

Hôtel des Douze Apôtres, propr. Bataille, 72 lits depuis 12 fr., petit déj. 3 fr., repas 12 fr., pension à partir de 30 francs. 🚋 12. EC

Central-Hôtel, propr. Emile Harmand, 75 lits de 8 à 15 fr. petit déj. 3 fr., repas 12 fr., pension depuis 30 fr. (sans petit déjeûner). 🚋 18. EE EC

Hôtel Continental propr. Grosjean, 120 lits de 12 à 25 fr., petit déj. 3 fr., déj. 12 fr., diner 15 fr., pension de 30 à 50 fr. 🚋 32 EE EC

Cosmos-Hôtel, (ex Cosmopolitain), directeur L. Boileau, 175 lits, de 25 à 75 fr., petit déj. 5 fr., déj. 20 fr., diner 25 fr., pension depuis 65 fr. 🚋 3. EE EC

Hôtel de l'Etablissement, Directeur A. Juin 180 lits de 8 à 20 fr., petit déj. 3 fr. 50, déj. 14 fr., diner 18 fr., pension de 35 à 50 fr. 🚋 21 EE EC

Hôtel de l'Europe, prop. L. Tournant, 40 lits de 6 à 8 fr., petit déj. 2 fr., repas 8 fr., pension depuis 22 fr. 🚋 37.

Hôtel de Lorraine, propr. Curie, 95 lits de 8 à 18 fr., petit déj. 2 fr. 50, repas 12 fr., pension de 25 à 30 fr. 🚋 24 EC

Hôtel Majestic (Société), 200 lits de 12 à 50 fr., petit déj. 5 fr., déj. 18 fr., diner 20 fr. pension de 45 à 80 fr. 🚋 19 EE EC

Hôtel Moderne, prop. Maurice Parisot, 60 lits de 12 à 18 f. petit déj. 3 fr., repas 12 fr., pension de 25 à 30 fr. 🚋 11.

Hôtel de la Paix, prop. Henri Vauthier, 75 lits de 5 à 12 f., petit déj. 2 fr., déj. 8 fr., diner 10 fr., pension de 23 à 28 fr.

Hôtel du Pavillon, propr. Vignaud, 32 lits de 5 à 8 fr., petit déj. 1 fr. 50, déj. et diner 8 fr., pension 18 et 22 fr. 🚋 29

Hôtel du Pavillon de Flore, Société Anonyme 50 lits de 8 à 10 fr., petit déj. 4 fr., repas 15 fr., pension depuis 35 fr. EC

Hôtel Riviera, propr. René Garnier, 20 lits de 8 à 10 fr., petit déj. 2 fr. 50, déj. 9 fr., diner 10 fr., pension 25 à 35 fr.

Hôtel Royal, prop. Le Guen, 75 lits de 20 à 40 fr., petit déj. 4 fr., déj. 18 fr., diner 20 fr. pension de 45 à 60 fr. 🚋 36 EE EC

Hôtel Souveraine, (voir Hôtel de l'Etablissement).

Hôtel des Sources, prop. Sams Pachéra, 60 lits de 11 à 15 fr., petit déj. 3 fr., déj. et diner 12 fr., pension 30 fr. 🚋 38.

Hôtel de l'Univers, propr. Rémy, 8 lits à 10 fr., petit déj. 1 fr. 50, repas 6 fr. 50, pension 22 fr.

Hôtel des Vosges, prop. Adrian, 14 lits de 10 à 12 fr., petit déj. 2 fr., déj. et diner 9 fr., pension de 24 à 30 fr. 🚋

Pensions de Famille : *Villa Salabéry,* propr. Boichox, 20 lits de 8 à 12 fr., pas de restaurant. — *Villa Lallement,* propr.

Lallement, 12 lits de 5 à 7 fr.. petit déj. 2 fr.. déj. et diner 7,50 vin compris, pension de 20 à 24 fr. 🚌 22.

CORCIEUX (alt. 501 m.) Chef-lieu de canton de 2000 habitants, sur le Neuné.

Station Corcieux-Vanémont de la ligne Epinal-St-Léonard, (à 3 kilom.)

CORNIMONT (alt. 510 m.) Localité industrielle de 3000 habitants ; bon centre d'excursions, dans un site charmant, sur la rive gauche de la Moselotte, au débouché de la vallée de Xoulxe.
Terminus de la ligne Remiremont-Cornimont.

Service d'auto-cars pour Ventron 3 fois par jour. Prix 1 fr. 50, pour Kruth 1 fois par jour, prix 4 fr. 75.
Voiture publique automobile pour La Bresse, 4 départs par jour, prix 2 fr. 25.

Hôtel du Cheval de Bronze, propr. Albert Durand, 25 lits à 8 fr., petit déj. 2 fr. 50, repas 9 fr. vin compris, pension depuis 22 fr. 🚌 43 ⊡

DOMPAIRE (alt. 326 m.) Chef-lieu de canton de 1100 habitants sur la Gitte.

Station sur la ligne Neufchâteau-Epinal.

DOMREMY-LA-PUCELLE (alt. 270 m.) Petit village de 300 habit., célèbre pour avoir vu naître Jeanne d'Arc, est agréablement situé sur la rive gauche de la Meuse, au pied de coteaux revêtus de bois et de vignes. Basilique. Lieu de pélérinage très fréquenté.

Station Domremy-Maxey de la ligne Pagny-Neufchâteau (à 3 kilom.)

Voitures de louage à tous les trains.

Hôtel de la Basilique, propr. André Colombey, 20 lits 8 à 12 fr., petit déjeuner 1 fr. 50, déjeuner et diner 6 à 8 fr., pension 18 fr.

Hôtel de l'Héroïne, prop. Magnin-Croctaine, 5 lits à 7 fr., petit déj. 1 fr. 50, repas 6 fr. pension 18 fr.

DRUMONT (alt. 1199 m.) Sommet pointu et déboisé d'où l'on a une des plus belles vues des Vosges. Table d'orientation du C. A. F.

Accès depuis Bussang, environ 2 h. 50.
Ferme Lutenbacher, où l'on peut passer la nuit.

Visitez les Vosges au printemps. La verdure est plus belle, les panoramas sont plus nets, les hôtels sont moins encombrés.

ÉLOYES (altitude 375 m.) Sur la rive droite de la Moselle, au débouché d'un beau vallon, dominé par la Tête des Cuveaux.

Station de la ligne Epinal-Remiremont.

Hôtel « Au Rendez-vous des Touristes », propr. Ch. Cassard, 6 lits à 5 fr., petit déjeûner 1 fr. 50, déjeûner et diner 6 fr. vin compris, pension 18 fr.

ÉPINAL (alt. 326 m.) Chef-lieu du département des Vosges. Ville de 28,350 habitants, agréablement située sur les bords de la Moselle et les coteaux, au milieu de 6000 hectares de forêts de résineux et feuillus. Centre des routes et voies ferrées du département des Vosges. Eau de source très pure. Centre d'excursions dans les forêts de sapins et de hêtres parsemées de roches où abondent myrtilles, framboises, mûres, fraises. Tous renseignements au Syndicat d'Initiative, 32, rue Léopold-Bourg.

Station de la ligne Nancy à Lure.

Services d'autobus chaque jour pour Rambervillers, Girecourt, Aydoilles, Deyvillers. Xertigny, Bains.

Grand Hôtel du Louvre et d'Angleterre, rue de la Gare propr. Bernard Mulatier, 68 lits de 11 à 35 fr., petit déjeûner 4 fr., déj. et diner 14 fr. 🚍 127 ⌧ EC
Hôtel Moderne, rue d'Arches, propr. Lucien Bergé, 70 lits de 10 à 25 fr., petit déj. 2.50 et 3 fr., repas 10 et 11 francs. 🚍 101. ⌧ EC
Hôtel de la Pomme d'Or, 10 rue Rualménil, prop. Madame Bertrand, 38 lits, de 8 à 15 fr., petit déjeûner 2 fr. 50, déjeûner et diner 9 fr. vin compris. 🚍 448. ⌧ EC
Hôtel des Vosges et Terminus, propr. Beaudouin, 48 lits de 7 à 15 fr., petit déj. 1 f. 50 et 2 fr., pas de restaurant. 🚍 243. ⌧

Pension de Famille : Du 15 Juillet au 1er Octobre, Mme Denis, *La Hêtraie*, rue Ponscarme, chambre et pension 15 fr. par jour,

Maison à louer à la Racine, commune de Raon-aux-Bois (Vosges, altitude 310 mètres, à mi-chemin d'Epinal à Plombières, une maison confortable meublée, 7 pièces, 1 cuisine, office et 2 cabinets de toilette. Eau, électricité, garage, vérandah au centre d'un beau jardin, et en retrait de la route. Prix à débattre.
S'adresser a M. Arthur COUSIN, a Raon-aux-Bois (Vosges).

ÉTIVAL (alt. 320 m.) Bourg de 2.700 habitants, est situé sur la rive gauche de la Meurthe au débouché du vallon de la Valdange et dominé par la Pierre d'Appel.

Station de la ligne Nancy-St-Dié.

APPARTEMENTS MEUBLÉS A LOUER : M. Gérard Julien, appartement, 5 minutes de la gare. — E. Gauthier Justin, appartement, gros chêne, 20 minutes de la forêt.

FERDRUPT (alt. 455 m.) **Au débouché de la colline de Devant.**
Halte de la ligne d'Epinal à Bussang.

Villa meublée "Les Gazons" à 25 minutes de la gare de Ferdrupt et du village. Rez-de-chaussée : cuisine, lingerie, lavoir, W.C., 2 salons, salle à manger ; 1er étage : 5 chambres à coucher, W.C.; 2e étage : 3 chambres à coucher. Hangar. Jardin potager et agrément. Vérandah. Prix pour la saison 2.200 fr. ou 800 f. par mois. S'adresser pour visiter à M. Eugène Claudel, à la même adresse.

FONTENOY-LE-CHATEAU (alt. 280 m.) **Petite ville de 2000 habit., dans une situation charmante, sur les deux rives du Coney et du canal de l'Est, entre des coteaux abrupts couverts de cerisiers.**
Station Bains-les-Bains à 8 kil.

Voiture publique automobile 3 fois par jour, (correspondance au chemin de fer) pour Bains. Prix 2 fr. 50.

Hôtel de la Poste, propr. Mathieu, 8 lits depuis 5 fr., petit déjeûner 1 fr. 50, déjeûner et diner 6 fr. 50 vin compris, pension depuis 15 fr.

FRAIZE (alt. 507 m.) **4400 habitants agréable centre d'excursions, sur les 2 rives de la Grande-Meurthe, un peu en aval du confluent du ruisseau de Scarupt.**
Terminus de la ligne Saint-Léonard-Fraize.

Service automobile de Lapoutroie. prix 4 fr. 25.

Grand Hôtel, propr. Charles Bocquet, 28 lits de 10 à 15 fr., petit déjeûner 2 fr. 50, repas 9 fr. vin compris, pension 30 fr. 25.

GÉRARDMER (alt. 671 m.) **Station climatique très fréquentée, 7,243 habitants, une des communes les plus étendues du département des Vosges. Situé dans un vaste bassin entouré de montagnes boisées, près du lac qui porte son nom. Cure d'air et de repos. Etablissement hydrothérapique moderne.**
Les sports d'hiver attirent un public plus nombreux d'année en année.

Tous renseignements au Syndicat d'Initiative, boul. Kelsch, (Villa Les Liserons).

Terminus de la ligne Epinal-Gérardmer, de celle de Remiremont-Gérardmer et de celle Le Honeck-Gérardmer. Trains express pour Paris pendant la saison.

Service d'auto-cars Colmar-Gérardmer deux fois par jour. Prix simple course 25 fr. Aller et retour 35fr.

Service d'auto-cars de la Cⁱᵉ des Ch. de Fer de l'Est et des Chemins de Fer d'Alsace et de Lorraine, Colmar-Vittel par la Schlucht-Gérardmer-Contrexéville et Colmar-Contrexéville par Vittel-Epinal-Gérardmer deux fois par semaine.

Service d'auto-cars Munster-Gérardmer.

Service d'auto-cars des Chemins de Fer de l'Est Belfort-Gérardmer-Belfort par le Ballon d'Alsace, la Route des Crètes, la Schlucht, Gérardmer, La Bresse, Cornimont, Saint-Maurice.

Service d'auto-cars Gérardmer-Strasbourg et vice versa trois fois par semaine.

Hôtel d'Alsace-Lorraine, prop. Henri Tyrode, 38 lits de 8 à 15 fr., petit déj. 2 fr. 50, repas 9 fr., pension depuis 25 fr. 123.

Hôtel des Bains, propr. Charles Vogt. 60 lits de 12 à 35 fr., petit déjeûner 3 fr. 50, déj. 13 fr., diner 14 fr., pension de 45 à 50 fr. 119. (ouvert de Pâques au 30 Septembre.

Hôtel Beau Rivage, directeur H. Scheidig, 50 lits de 18 à 30 fr., petit déj. 4 fr., repas 15 fr., pension depuis 40 fr. 29 (ouvert du 1er Juin au 15 Septembre).

Hôtel Beau-Séjour, prop. Valence Galli, 15 lits à partir de 8 fr., petit déj. 2 fr. 50, repas 10 fr., pension de 24 à 32 fr. 160

Pension de famille Vve Emile Berton. 16 lits, petit déj. 2 fr. 50, déj. 9 fr., diner 10 fr. avec vin. pension 30 fr.

Central-Hôtel, prop. A. Liber, 24 lits de 8 à 15 fr., petit déjeûner 2 fr. 50, déjeûner et diner 9 fr. 50, pension 27 à 30 fr. 142.

Hôtel Carnot, propr. Mme Vve Remy, 14 lits de 8 à 10 fr., petit déj. 2 fr. 50, repas 10 fr., pension 25 à 30 fr.

Hôtel Cholé Terminus, prop. Gremillet, 130 lits de 8 à 25 fr., petit déjeûner 3 fr., déjeûner 10 fr., diner 12 fr., pension de 25 à 45 fr. 8.

Hôtel de l'Espérance, propr. Ferry-Mougel. 28 lits de 12 à 15 fr., petit déj. 3 fr., repas 10 fr., pension 35 à 40 fr. 93 EC

Grand Hôtel du Lac, direct. G. V. Huguenin, 200 lits de 12 à 30 fr., petit déj. 4 fr., déjeûner 18 fr., diner 20 fr., pension à partir de 50 fr. 30. EC

Hôtel Moderne, prop. Lucien Leroy, 52 lits de 13 à 16 fr., petit déjeûner 3 fr., repas 10 à 12 fr., pension de 30 à 40 fr. 43. EC

Hôtel de la Paix, prop. Robert Bastien, 40 lits de 12 à 20 fr., petit déjeûner 3 fr., repas 12 fr., pension 28 à 35 fr. 78.

Hôtel de Paris, prop. Maurice Quartier, 45 lits de 10 à 16 fr., petit déj. 3 fr., déj. 12 fr., diner 12 fr., pension de 30 à 40 fr. 116 EC

Hôtel Restaurant Charles, prop. Charles, 12 lits à partir de 8 fr., petit déjeûner 2 fr. 50 déjeûner 9 fr., diner 9 fr., vin compris, pension 25 à 30 fr.

Grand Hôtel et Hôtel de la Poste, propr. Reiterhart et Cie, 250 lits de 15 à 35 fr., petit déj. 4 fr., déj. 16 fr., diner 18 fr., pension à partir de 40 fr. 21. EC

Hôtel des Promenades, propr. Mme Oswald-Teillard, 40 lits de 8 à 10 fr., petit déjeûner 2 fr. 50, déjeûner 6 à 10 fr., diner 8 à 12 fr. pension 25 à 28 fr. EC

Hôtel de la Providence, propr. Mme Jardin, 50 lits de 12 à 15 fr., petit déjeûner 3 fr. 50, déjeûner 11 fr., diner 12 fr., pension 35 à 45 fr. 🚗 9. ⌧ EC

Hôtel des Vosges, propr. Montémont, 40 lits de 10 à 25 fr., petit déjeûner 3 fr., déjeûner et diner 10 fr, pension de 35 à 45 fr. 🚗 1. ⌧

Hôtel de la Jamagne propr. E. Motte-Leschemelle, 30 lits de 10 à 20 fr., petit déj. 3 fr., repas 12 fr , pension 28 à 40 fr. 🚗 41 ⌧ EC (ouvert du 1er Mai au 1er Octobre).

Nouvel Hôtel, propr. Louis Perrin, 20 lits de 12 à 15 fr., petit déj. 3 fr., repas de 10 à 12 fr., pension de 28 à 35 fr. 🚗 178 ⌧ EC

Pour tous renseignements, location de Villas et Logements, etc., s'adresser au Bureau Officiel de renseignements du Syndicat d'Initiative, boulevard Kelsch, à Gérardmer. Téléphone 74.

GRANGES-SUR-VOLOGNE (alt. 497 m.) 3.323 habitants. Centre d'excursions dans la pittoresque vallée de la Vologne. Belles forêts.

Station de la ligne Epinal-Gérardmer.

Hôtel du Commerce, propr. Henri Froment, 17 lits de 7 à 8 fr., petit déjeûner 2 fr. 50, déjeûner et diner 8 fr., pension 26 fr. 🚗 23

Hôtel de Lorraine, propr. E. Demange. 19 lits de 7 à 10 fr., petit déj. 2 fr., repas 8 fr., pension 24 fr.

GROSSE PIERRE (Col de) (alt. 955 m.) Petit plateau de pâturages sur lequel se dressent de grandes masses de roches granitiques, à proximité de belles forêts de sapins.

Station Cornimont de la ligne Remiremont-Cornimont, à 12 kilomètres. La Bresse à 5 km. et Gérardmer à 8 km.

Hôtel du Moutier des Fées, prop. Poirot-Leduc. 12 lits de 6 à 8 fr., petit déjeûner 2 fr., déjeûner et diner 7 fr. pension à partir de 20 fr. 🚗 23.

LA BRESSE (alt. 626 m.) Localité industrielle de 5700 habitants sur la Moselotte.

Station Cornimont, terminus de la ligne Remiremont-Cornimont, à 8 kilom.

Voiture publique automobile pour Cornimont, 4 départs par jour pour La Bresse, correspondance pour Remiremont et le Thillot. Prix 2 fr. 50.

Hôtel du Commerce, propr. Jean Mouillé, 10 lits de 5 à 6 fr., petit déjeûner 1.50 à 2 fr., déjeûner et diner 8 fr., vin compris, pension 22 fr. 🚗 6.

Hôtel du Faubourg, propr. Remy-Prévrel. 12 lits de 5 à 7 fr., petit déjeûner 1 fr. 50 à 2 fr., déj. 8 fr. 50 à 12 fr., diner 7 à 9 fr. vin compris, pension 25 à 30 fr. 🚗 39. ⌧ EC

LAMARCHE (alt. 355 m.) Ancienne ville forte de 1,400 habitants, dans le vallon d'une des branches supérieures du Mouzon, entourée de plusieurs hautes collines des Monts Faucilles.

La gare est située à 3 kil. au Nord-Ouest sur la ligne Dijon-Vittel.

Service public de voitures de la station à la ville à tous les trains.

Hôtel des Halles, prop. Fernand Gascard, 12 lits depuis 6 fr., petit déjeûner 1 fr. 50, déjeûner et diner 7 fr. 50 vin compris, pension 18 fr.

LA NEUVEVILLE (voir Raon-l'Etape).

LA SCHLUCHT (alt. 1.139 m.) Col de la Schlucht à l'ancienne frontière entre la France et l'Alsace, dans la crête des Vosges. Un des meilleurs centres d'excursions des Hautes-Vosges sur la belle et célèbre route de Gérardmer à Munster.

Station du Tramway Gérardmer-Schlucht-Hohneck.

Service d'auto-cars de la Route des Vosges, circuit Colmar-Trois-Epis-Schlucht-Markstein-Thann-Mulhouse, tri-hebdomadaire, prix 49 fr.
Service d'auto-cars des Chemins de Fer de l'Est Belfort-Gérardmer-Belfort par la Route des Crêtes, la Schlucht Gérardmer, Cornimont, Saint-Maurice.
Service d'auto-cars des Autos Vosgiens Colmar-Gérardmer.
Service d'auto-cars Munster-Gérardmer et Munster-Schlucht.
Service d'auto-cars de la Compagnie des Chemins de Fer de l'Est Colmar-Vittel et Colmar-Contrexéville.
Nombreux loueurs d'automobiles à Munster.

Restaurant du Grand Hôtel de la Schlucht, propr. Belzung, 10 lits de 18 à 20 fr., petit déj. 3 fr., déj. et diner à 13 fr., pas de pension (L'Hôtel est en reconstruction).

LE HOHNECK (alt. 1.361 m.) Beau sommet gazonné et point culminant de l'axe des Vosges. Beaux pâturages, table d'orientation, panorama splendide.

Terminus du tramway Gérardmer-Schlucht-Hohneck

Autos-cars de la Route des Vosges, circuit Colmar-Trois-Epis-Schlucht-Hohneck-Thann-Mulhouse, prix 47 fr.

Hôtel Belvédère, propr. Henri Litaize, 30 lits de 15 à 30 fr., petit déjeûner 4 fr., déjeûner et diner 14 fr., pension depuis 40 fr. <cc ic>

LE THILLOT (alt. 497 m.) Chef-lieu de canton de 4,000 habit., sur la rive droite de la Moselle.

Station de la ligne Remiremont-Bussang.

Service d'auto-cars Wesserling-Gérardmer et Gérardmer-Belfort.

Hôtel du Cheval Blanc, prop. Baradel, 25 lits de 8 à 11 fr., petit déjeûner 2 fr. 50, déjeûner et diner 10 fr., pension 25 fr. 13.

Hôtel Terminus propr. Paul Tisserand, 20 lits de 10 à 12 fr., petit déjeûner 2 fr. 50, déjeûner et diner 9 fr., pension de 25 à 30 fr. 17. EC

Hôtel des Vosges, propr. R. Claude, 18 lits depuis 6 fr., petit déj. 2 fr. 50, repas 9 fr., pension 25 fr. 32

CHAMBRES MEUBLÉES : M. Heitzmann, peintre, Grande-rue, — Mesdemoiselles Melley.

LE THOLY (alt. 568 m.) Commune de 1,300 habitants, centre d'excursions au point de rencontre des routes de Remiremont et Epinal à Gérardmer. Remiremont est à 17 km. et Gérardmer à 11 k.

Station du tramway Remiremont-Gérardmer.

Service d'auto-cars des Chemins de Fer de l'Est, Contrexéville-Colmar par Epinal, Tendon, Le Tholy, Gérardmer, la Schlucht.

Hôtel Gérard. propr. Gérard, 35 lits de 8 à 11 fr., petit déj. 3 fr., déjeûner et diner 8 à 12 fr., pension 26 à 34 fr. 7.

Hôtel des Voyageurs, prop. Pierre Protin, 12 lits à 5 fr., petit déjeûner 2 fr., déjeûner et diner 7 fr. vin compris, pension 18 fr.

VILLAS ET APPARTEMENTS MEUBLÉS : M. Demangeon, cuisine, salle à manger, 4 chambres à coucher, 150 m. de la forêt. — M. Georges, cuisine, 2 piéces, près de la forêt.

LONGEMER (alt. 737 m.) Le lac de Longemer est une belle nappe d'eau de forme allongée bordée par les escarpements boisés de la forêt de la Brande et par les versants abrupts et boisés en partie de la forêt Saint-Jacques.

Station du tramway à vapeur Gérardmer-Retournemer.

Maison de Famille, propr. Simon Marchal, 20 lits de 8 à 12 fr., petit déj. 2 fr. 50, repas 9 fr., pension de 26 à 30 fr.

LUBINE (alt. 460 m.) Village entre le massif du Climont au Nord et une arête boisée au Sud.

Accès par Villé de la ligne Sélestat-Sainte-Marie-aux-Mines (à 12 k.)

LUVIGNY (alt. 400 m.) Dans la vallée de Celles, au débouché du petit vallon de Blompierre.

Station du tram à vapeur de la Vallée de Celles.

Maison Lorrain, deux appartements meublés.

MARTIGNY-LES-BAINS (alt. 377 m.) Station balnéaire de 970 habitants, localité d'origine fort ancienne, calme et tranquille située sur le Mouzon naissant, dans une partie très boisée et très mamelonnée des Monts Faucilles.

Station de la ligne Epinal-Mirecourt-Merrey-Paris,

Courrier deux fois par jour à 8 h. 30 et à 15 h. 30.

Hôtel des Fleurs, directrice Sœur Saint-Germain, 16 lits de 5 à 8 fr., petit déjeûner 1 fr. 50, déj. et diner 8 fr. pension 20 à 22 fr.

Hôtel National, prop. Emile Thiébaut, 20 lits à 7 fr., petit déj. 2 fr., repas 7 fr. 50, pension 22 fr.

Maisons meublées : Arburger, Bichain, Bourcier, Bourgeois Bourgeot, Chalet de la Gare, Chardin, 15 lits de 4 à 6 fr., pas de restaurant, Collardé, Drapier, Drouin, Dublanc, Ferry, Feuillette, Herbelot, Humblot, Humbert, Jeppont Octave, Manussier, Patta, Pouget, Sollier, Triboulet Julie, Villa des Fleurs, Villa des Roses, Villa des Glaïeuls, Villa des Glycines.

MATTAINCOURT (alt. 281m.) Sur les rives du Madon, célèbre par son pélerinage.

Station Hymont-Mattaincourt de la ligne Mirecourt-Epinal, (1 kilomètre).

MIRECOURT (alt. 289 m.) Ville d'industrie de 5436 habitants sur la rive gauche du Madon.

Embranchement Vittel-Neufchâteau, Vittel-Toul.

Hôtel de la Gare, propr. Jouanique, 18 lits de 8 à 10 fr., petit déjeûner 2 francs, déjeûner et diner 9 fr. vin compris, pension 23 fr. 1.

MONTHUREUX-SUR-SAONE (alt. 420 m.) Chef-lieu de canton de 1300 habitants, pittoresquement situé sur une étroite presqu'île entourée par la Saône.

La gare est à 2 kilom. sur la ligne Jussey-Epinal.

MOYENMOUTIER (alt. 320 m.) Bourg industriel de 5100 habit., dans une belle situation, sur le Rabodeau, à proximité de magnifiques hauteurs boisées.

Station du chemin de fer d'Etival à Senones.

Hôtel Baderot-Houille, propr. Veuve Charles Baderot, 8 lits de 6 à 8 fr., petit déjeûner 2 fr., déjeûner et diner 8 francs vin compris, pension 18 fr. 2.

NEUFCHATEAU (alt. 298 m.) Sous-préfecture de 6000 habitants, avec les faubourgs constitués par les deux communes voisines de Noncourt et Rouceux, bâtie sur une colline, entre la Meuse et le Mouzon dont les vallées confluentes forment aux abords de la ville un beau bassin de prairies.

Nœud important de voies ferrées : vers Langres-Dijon, Chaumont-Paris, Bar-le-Duc, Verdun, Toul-Nancy, Épinal.

Courrier pour Attignéville, départ chaque jour à 7 h 1/2, arrivée à 18 h. Entrepreneur, M. Franquin à Attignéville. Courrier pour Vrécourt, départ chaque jour à 15 h., arrivée à 9 h., entrepreneur : M. Vautron à Vrécourt.

Hôtel-Restaurant de la Gare, prop. Louis Caudron-Grandperrin, 12 lits depuis 6 fr. petit déjeûner 1 fr., déjeûner et dîner 6 fr. 50., vin compris, pension 20 fr.

Hôtel Moderne, propr. H. Valentin, 30 lits de 9 à 12 fr., petit déjeûner 2 fr. 50, repas 10 fr., pension 30 francs. 18.

NOMEXY (alt. 260 m.) 2,200 habitants, sur le canal de l'Est et sur la rive gauche de la Moselle, au débouché de la vallée de l'Avière.

Station Châtel-Nomexy du chemin de fer de Nancy à Epinal.

Hôtel de l'Est, propr. Emile Laval, 12 lits de 5 à 10 fr., petit déjeûner 2 fr., déjeûner et dîner 8 fr. 50, pension 22 fr. 17.

PLOMBIÈRES-LES-BAINS (alt. 456 m.) Célèbre station thermale et coquette petite ville de 1591 habitants, au fond d'une pittoresque vallée vosgienne arrosée par l'Augronne. Très fréquentée pour l'excellence de ses eaux, Plombières mérite de l'être pour la beauté des montagnes, des vallées et des forêts environnantes. Le climat, bien que très variable est sédatif. 27 sources thermales, dont la plus chaude sourd à 80° ; ces eaux sont une radio-activité puissante.

Tous renseignements au Syndicat d'Initiative aux Arcades.

Station de la ligne Aillevillers-Plombières.

Service d'auto-cars de la Compagnie des chemins de Fer de l'Est Colmar-Vittel par la Schlucht-Gérardmer-Remiremont-Plombières-Contrexéville.

Service automobile deux fois par jour pour Remiremont. Prix 4 fr. 60.

Les Acacias, prop. F. Heulluy, 30 lits de 12 à 25 fr., petit déj. 3 fr. 50, déj. 12 fr., diner 13 fr. pension depuis 40 francs. 50.

Hôtel Beauséjour, propr. Heullug, 40 lits de 25 à 70 fr., petit déj. 4 fr, repas 15 fr, pension de 50 à 80 fr. 50

Hôtel du Commerce propr. Paul Mansuy, 26 lits de 8 à 12 fr., petit déjeûner 2 fr. 50, repas 9 fr., pension à partir de 26 fr. 47.

Hôtel Cornu propr. Emile Cornu, 12 lits à 6 fr., petit déj. 2 fr. 25. repas 8 fr., pension depuis 22 fr.

Hôtel Deschaseaux, propr. Marcel Deschaseaux, 60 lits de 20 à 50 fr., petit déjeûner 4 fr., déjeûner 14 fr., diner 15 fr. pension de 45 à 70 fr. 55.

Grand Hôtel, prop. C. Carolet, 180 lits de 15 à 100 fr., petit déj. 5 fr., déj. 20 à 25 fr., diner 25 à 30 fr., pension de 70 à 125 fr. 🚗 3 ᴄᴄ ᴇᴄ

Grand Hôtel Métropole et du Parc, propr. Baudot, 170 lits de 12 à 60 fr., petit déjeûner 3 fr., déjeûner et diner 12 fr., pension depuis 55 fr. 🚗 18. ᴄᴄ ᴇᴄ

Nouvel Hôtel, prop. L. Haumonté, 80 lits depuis 8 fr., petit déjeûner 3 fr., déjeûner et diner 9 fr., pension à partir de 40 fr. 🚗 5. ᴇᴄ

Grand Hôtel de la Paix et Central-Hôtel, propr. Emile Deschaseaux, 130 lits de 15 à 40 f., petit déjeûner 4 fr., déjeûner et diner 15 fr., pension 45 à 50 fr. 🚗 1. ᴄᴄ ᴇᴄ

Hôtel Stanislas, propr. Pommier, 60 lits dep. 15 fr., petit déjeûner 3 fr., déjeûner et diner 14 fr. pension depuis 40 fr., 🚗 16. ᴇᴄ

Hôtel du Petit Paris, prop. Emile Cornu, 14 lits à 6 fr., petit déjeuner 2 fr. 25, déjeûner et diner 7 fr., pension à partir de 22 fr.

Hôtel Resal-Cornuot, propr. Auguste Resal, 40 lits de 8 à 20 fr., petit déj. 3 fr., repas 10 fr., pension 30 francs. 🚗 28.

Hôtel des Sources, propr. Glemain-Quinquet, 50 lits de 6 à 10 fr., petit déjeûner 2 fr. 50, déj. et diner 8 fr. 50 et 10 fr., pension 30 fr. 🚗 10.

Hôtel de la Tète d'Or, propr. Louis Dazon, 40 lits de 7 à 12 fr., petit déjeûner 3 fr. 50, déjeûner et diner 10 fr., pension de 30 à 35 fr. 🚗 43. ᴇᴄ

Hôtel Baumont, 30 lits de 6 à 9 fr., pension 28 à 30 fr.

Pour la liste des Maisons meublées dans lesquelles on peut trouver à composer à volonté des appartements avec cuisine, salle à manger, salon, s'adresser au Syndicat d'Initiative de Plombières.

PROVENCHÈRES-SUR-FAVE (alt. 400 m.) Chef-lieu de canton de 711 habitants, au pied de l'Ormont, sur les deux rives de la Fave.

Station Saint-Dié à 13 km.

Services d'autos-cars Saales-Saint-Dié par Provenchères plusieurs fois par jour.

Hôtel du Cerf, propr. Vve R. Cunin, lits de 7 à 8 fr., petit déj. 1 fr. 75, repas 7 fr. 50 vin compris, pension 20 fr.

RAMBERVILLERS (alt. 292 m.) Ancienne ville forte de 5.900 hab., dans la vallée de la Mortagne.
Embranchement sur la ligne de Charmes à Bruyères.

RAMONCHAMP (alt. 474 m.)

Station de la ligne d'Epinal à Bussang.

Jolie villa meublée *Les Quatre Vents* à 10 minutes de la Gare de Ramonchamp et à 5 du village, à 50 mètres de la route N¹ᵉ allant de Remiremont à Bussang. Très jolie situation, vue sur les Ballons d'Alsaçe et de Servance. 9 pièces, dont 6 chambres à coucher, eau, électricité, jardin potager et d'agrément. Parc de un hectare.

S'adresser pour visiter et louer à Monsieur Germain Colle, même adresse.

RAON-L'ÉTAPE (alt. 291 m.) 4987 habitants. Bon centre d'excursions dans une situation charmante, sur la rive droite de la Meurthe, au confluent de la Plaine.

Tous renseignements au Syndicat d'Initiative, Maison des Magasins Réunis.

Ligne de Nancy à Saint-Dié. Tramway pour Raon-sur Plaine.

Hôtel de la Gare, (à la Neuveville), prop. Jules Saudaucourt, 24 lits de 10 à 12 fr., petit déj. 1.50 à 2 fr. 50, repas 9 fr. vin compris, pension 28 fr. 12.

Grand Hôtel, prop. Biet-Messerer, 16 lits de 10 à 15 fr., petit déj. 2 fr., repas 7 fr. 3

Hôtel des Vosges, prop. Mme Charlier, 15 lits de 5 à 10 fr., petit déj. 1 fr. 50. repas 7 fr., pension 22 fr.

Pension de Famille, prop. Emile Mathieu, 7 lits à 7 fr., petit déj. 2 fr, 50, repas 7 et 10 fr. vin compris, pension 20 fr.

Appartements meublés : M. Louis Finance, à La Trouche, par Raon-l'Etape, salle à manger, cuisine, 2 chambres à coucher. — Mᵐᵉ Fortier, à La Trouche, 4 pièces, 2 lits. — *Restaurant J. Specty*, 4 chambres et cuisine à louer. — Mme Sabatier-Lieber, 6 pièces avec cuisine.

RAON-SUR-PLAINE (alt. 431 m.) Très beau centre d'excursions dans un beau bassin de prairies, au confluent de 3 torrents qui, réunis, forment la rivière de la Plaine.

Terminus de la ligne du tramway de Raon-l'Etape à Raon-sur-Plaine.

Service d'auto-car Schirmeck-Raon-sur-Plaine.

Hôtel du Cheval Blanc (*Villa Alice*), prop. Vve Paul Mathieu. 30 lits de 6 à 8 fr., petit déjeûner 2 fr., déjeûner et dîner 8 f., pension 21 fr. 3.

Hôtel de la Gare, propr. Paul Tissier, 30 lits depuis 6 fr., petit déjeûner 2 fr., déjeûner et dîner 8 fr. avec vin, pension depuis 23 fr. 2.

REMIREMONT (alt. 406 m.) Ville de 11,000 habitants, excellent centre d'excursions, dans un magnifique bassin entouré de montagnes, sur la rive gauche de la Moselle, à 1 k.500 en aval du confluent de la Moselotte, au pied de la montagne et du fort du Parmont.

Station ligne Epinal-Bussang. Tramway pour Gérardmer.

Service automobile deux fois par jour pour Plombières, prix 4 fr. 50, pour le Val-d'Ajol, prix 6 fr.

Service d'auto-cars de la Compagnie des chemins de fer de l'Est Vittel-Colmar par Contrexéville-Plombières-Remiremont-Gérardmer-La Schlucht-Colmar.

Hôtel de la Poste et des Deux Clés, propr. Perrotey-Voirin, 60 lits de 10 à 15 fr., petit déjeûner 3 et 4 fr., repas 15 fr., pension 30 fr. 0-66.

Hôtel de la Poste, propr. Perrotey-Voirin, 30 lits de 8 à 12 fr., petit déjeûner 2 fr. 50, déjeûner 7 fr., dîner 10 fr., pension 25 fr. 0.57

A Louer, à Remiremont, pour juillet. août et septembre, 2 belles pièces avec 3 lits au besoin, et cuisine. S'adresser à Mme Appunn, 18, avenue Carnot.

RETOURNEMER (alt. 785 m.) Le lac de Retournemer est un des plus pittoresque des Vosges. Le site est magnifique.

Terminus du tram à vapeur Gérardmer-Retournemer.

Hôtel - Restaurant du Lac, prop. Jachet-Martin, 14 lits de 10 à 15 fr., petit déjeuner 2 fr. 50. déjeuner 11 fr., dîner 11 fr., pension 25 . 30 fr.

ROCHESSON (alt. 542 m.) Village industriel de 1000 habitants, entouré de magnifiques forêts.

Station Vagney, ligne Remiremont-Cornimont.

Courrier automobile deux fois par jour. Prix 2 fr.

ROUGE GAZON (alt. 1072 m.) Dans une dépression de la Crête entre la Pointe de Perche et la Tête du Rouge-Gazon.

Station Saint-Maurice (à 3 heures) ligne Epinal-Bussang.

Ferme du Rouge Gazon, chambres pour touristes.

RUPT-SUR-MOSELLE (alt. 426 m.) 4700 habitants répartis en un grand nombre de hameaux.

Station sur la ligne Remiremont-Bussang.

SAINT-AMÉ (alt. 400 m.) sur la rive droite de la Moselotte.

Station sur la ligne Remiremont-Gérardmer.

Appartements meublés : M. Célestin Georgel, à Celles-Saint-Amé, appartement, Château historique de Celles: 1er étage, cuisine. salle à manger, chambre à coucher. — M. Jean Faure à Cleurie-Saint-Amé : 1 cuisine, salle à manger. 3 chambres à coucher. — M. Auguste Girod, chambres meublées avec pension.

SAINT-DIÉ (alt. 344 m.) Siège d'un évêché, ville de 23,108 habitants sur les deux rives de la Meurthe au milieu d'un riant bassin, encadré de montagnes boisées. La ville détruite à plusieurs reprises par des incendies et par les invasions des Suédois, fut reconstruite par Stanislas, duc de Lorraine, qui lui donna son aspect actuel, propre et gai.

Tous renseignements au Syndicat d'Initiative, 34. rue Concorde.

Station de la ligne Lunéville-Epinal par Laveline.

Service automobile de Saales à Saint-Dié 4 fois par jour. prix 6 fr., s'adr. M. Clévenot, rue Gambetta.

Service automobile pour Sainte-Marie-aux-Mines 3 fois par jour. Prix 6 fr. 25, s'adresser à M. Ch. Lung, 8, rue de la Ménantille.

Service automobile pour Villé 2 fois par jour. Prix 9 fr. 50. S'adr. à M. Ch. Lung, 8, rue de la Ménantille.

Service automobile pour Ban-de-Sapt (La Fontenelle) deux fois par jour. Prix 6 fr.

Service automobile pour Wissembach deux fois par jour. Prix 5 fr.

Voiture pour Ban-de-Laveline, deux fois par jour. Prix 4 fr.

Restaurant Stanislas, prop. Léon Petitdemange, 10 lits de 5 à 6 fr., petit déj. 2 fr., repas 7 fr. avec vin, pension 12 à 18 fr. 187. EC

Hôtel de la Gare, prop. Ch. Boespflug, 45 lits de 12 à 18 fr., petit déjeuner 3 fr., déjeuner et diner 10 fr. avec vin. 2-64 EC

Hôtel du Commerce, propr. Lucien Gentilhomme, 15 lits depuis 8 fr., petit déjeuner 2 fr., déjeuner et diner 7 fr. avec vin, pension depuis 20 fr. 72

Hôtel de la Poste, rue Thiers, prop. Aimé et Dautan, 27 lits de 10 à 25 fr., petit déj. 3 fr., repas 10 fr. 1-22

Laiterie Saint-Martin à Foucharupt, prop. Mme Verriéle. 10 lits à 10 fr., petit déjeuner 3 fr. 50, déjeuner et diner 10 fr., pension 25 fr. 60.

Hôtel Terminus, place de la Gare, prop. Francis Scherer, petit déj. 3 fr., déjeuner et diner 9 fr., pension 25 fr. 2-45

CHAMBRES MEUBLÉES :

Restaurant du Buffet de la Gare, prop. Kurtzmann, déj. et dîner 6 fr. avec vin. 260.

SAINT-LÉONARD (alt. 417 m.) Embranchement pour Fraize ; belle forêt de sapins.

Station de la ligne Saint-Dié-Epinal.

SAINT-MAURICE (alt. 550 m.) Joli bourg de 3.100 habitants, dans la vallée de la Moselle, au pied des Ballons d'Alsace et de Servance et au débouché de la vallée des Charbonniers, est avec Bussang, un des meilleurs centres d'excursions des Vosges.

Station ligne Epinal-Bussang.

SAULXURES-sur-MOSELOTTE. (alt. 416 m.) 4.100 habitants, sur la rive droite de la Moselotte, dont la vallée s'élargit, au confluent du Rupt de Bamont.

Station de la ligne Remiremont-Cornimont.

Hôtel du Centre, propr. Charles Arnould, 20 lits de 5 à 6 fr., petit déj. 1 fr. 50, déjeûner et dîner 7 fr. 50 vin compris, pension 17 à 19 fr. 🚂 12.

Hôtel Kormann, 17 lits à 5 fr. 50, petit déjeûner 1 fr. 50. déjeûner et dîner 8 fr. avec vin, pension de 16 à 20 fr. 🚂 17. EC

A Louer cuisine, salle à manger, 3 chambres à coucher, eau, électricité, lavoir, cave, grenier, exposition du levant au couchant, altitude environ 500 mètres, habitation en pleine campagne, à flanc de coteau. (Libre toute l'année, sauf Juillet).

SENONES (alt. 389 m.) 4.719 habitants sur le Rabodeau. dans un magnifique amphithéâtre de montagnes boisées, agréable centre d'excursions, remarquable par ses souvenirs historiques.

Tous renseignements au Syndicat d'Initiative, à la Mairie.

Station de la ligne Lunéville-Saint-Dié.

Service automobile 1 fois par jour pour Saint-Blaise-la Roche, Prix 5 fr. Pendant la saison deux fois.

Hôtel d'Alsace-Lorraine, propr. Fafournoux, 20 lits de 6 à 8 fr., petit déjeûner 1 fr. 50, déjeûner et dîner 8 francs vin compris, pension 18 fr. 🚂 1.

Hôtel Bardol, propr. Charles Bardol, 20 lits de 6 à 8 fr., petit déjeûner 1 fr. 50, déjeûner et dîner 9 fr. avec vin, pension 25 fr. 🚂 19.

Buffet de la Gare, propr. Ed. Humbert, 4 lits depuis 7 fr., petit déjeûner 1 fr. 55, déjeûner et dîner 8 fr. avec vin, pension depuis 18 fr. 🚂 31.

CHAMBRES MEUBLÉES A LOUER : M. Schneider Moïse, 2 pièces. — Veuve Gérard, rue Poincaré 2 pièces. — Leyval Prosper, 2 pièces. — Morel-Probst, 3 pièces. — M. Verdant, avenue des Gouttes. 1 logement.

TENDON (alt. 460 m.) Village aux habitations disséminées dans la montagne. Cascade haute de 30 mètres.

Station Docelles de la ligne Epinal-Saint-Dié.

Courrier 2 fois par jour, prix 1 fr. 50.

THAON-LES-VOSGES (alt. 305 m.) Ville industrielle de 8.036 habit. entre le canal et la Moselle.

Station de la ligne Blainville-Epinal.

VAGNEY (alt. 406 m.) **Centre d'excursions 2.700 habitants sur la rive droite de la Moselotte, au débouché du vallon du Bouchot. La beauté des environs immédiats font de Vagney un lieu de séjour très agréable pour les touristes.**

Station de la ligne Remiremont-Cornimont

Courrier automobile 2 fois par jour pour Rochesson. prix 2 fr.

Hôtel de la Poste et du Commerce, propr. Georges Fourrier, 30 lits de 6 à 8fr., petit déjeûner 3 f., déjeûner et dîner 9 fr., pension 26 fr. 🚗 10. 🄲

Villa « Les Avoinines », prop. Mme Delageneste, Remiremont, 10 lits. — *Appartement meublé à louer :* Mme veuve Villemain, 1 cuisine, 1 salle à manger, 1 chambre à coucher, grand jardin.

VAL-D'AJOL (alt. 400 m.) **Vaste commune industrielle de 7.600 habitants, disséminée en plusieurs hameaux. Sites pittoresques.**

Sur la ligne Aillevillers-Faymont.

Service automobile pour Remiremont 2 fois par jour, prix 6 fr.

Hôtel de la Feuillée-Nouvelle, prop. Grosjean, 12 lits de 8 à 15 fr., petit déj. 2 fr. 50, repas 12 fr. vin compris, pension de 25 à 35 fr. 🚗 7.

VECOUX (alt. 405 m.) **Sur la rive droite de la Moselle, au débouché du vallon de Reherrey.**

Station de la ligne Epinal-Bussang.

VENTRON (alt. 670 m.) **1.450 habitants, dans un large bassin de pâturages, dominé par une ramification du Drumont.**

Station Cornimont (à 5 km.)

Service automobile 3 fois par jour, prix 1 fr. 50

Hôtel du Frère Joseph, prop. Paul Luttenbacher, 16 lits depuis 6 fr., petit déjeûner 2 fr. à 2 fr. 50, déjeûner et dîner 8 à 9 fr., pension 20 à 22 fr. 🚗 4. 🄲

VEXAINCOURT (alt. 376 m.) **Au confluent du ruisseau de la Maix et de la Plaine.**

Station du tramway à vapeur de Raon-l'Etape à Raon-sur-Plaine.

VITTEL (alt. 330 m.) **Station thermale fréquentée. 2.500 habitants, située sur le Petit-Vair, se compose de la ville et de l'Etablissement que la ligne du chemin de fer sépare nettement. Traitement de l'arthritisme sous toutes ses formes. Eau très pure. Derniers perfectionnements de l'hygiène urbaine.**

Tous renseignements au Syndicat d'Initiative, avenue de la Gare.

Ligne de Nancy à Langres. Trains directs pendant la saison Paris-Vittel.

Service d'auto-cars de la Compagnie des chemins de fer de l'Est Vittel-Colmar et Vittel-Contrexéville.

Service automobile Vittel-Contrexéville-Dombrot-le-Sec - Viviers - Provenchères - Darney, 2 parcours par jour.

Service automobile Vittel-Thuillières-Senonges-Dombasle-Bonvillet-Darney ; 2 parcours par jour.

Hôtel d'Angleterre, prop. H. Lhomme. 100 lits de 12 à 25 fr., petit déjeûner 3 fr., déjeuner 12 fr., dîner 13 fr., pension de 25 à 45 fr. 47. EC

Central Hôtel, prop. R. Petit, 200 lits de 8 à 30 fr., petit déj. 3 fr. 50, repas 12 et 15 fr., pension dep. 35 fr. 7. EC

Hôtel du Centre, propr. Madame Perrichaut, 30 lits de 10 à 16 fr., petit déjeûner 2 fr. 50, déjeûner et dîner 10 à 12 fr., pension de 24 à 35 fr. 74. EC

Hôtel Continental (Société Continental et Chatillon), 350 lits de 15 à 25 fr., petit déjeûner 3 fr. 60, repas 14 fr., pension de 35 à 60 fr. 8. EC

Hôtel de France, prop. Gaston Caré, 15 lits de 8 à 12 fr., petit déjeûner 2 fr., déjeûner et dîner 8 fr., pension 24 à 30 fr. 29.

Grand Hôtel, propr. Société des Eaux de Vittel, 600 lits de 50 à 100 fr., petit déjeûner 7 fr., déjeûner et dîner 28 à 40 fr., pension depuis 100 fr., (taxe de luxe de 10 % en sus). 6 et 11 EC

Hôtel Jeanne d'Arc, prop. Lemoine, 40 lits de 8 à 20 fr., petit déjeûner 1.50 à 3 fr., déjeûner et dîner 12 fr., pension de 25 à 40 fr. EC

Hôtel de Lorraine, propr. Léon Tessot, 36 lits de 8 à 10 fr., petit déjeûner 3 fr., déjeûner 12 fr., dîner 12 fr., pension depuis 26 fr. 48. EC

Hôtel Nice-Pension, prop. Vve J. Ferrara, 70 lits de 10 à 15 fr., pas de restaurant, pension 30 à 35 fr. 68. EC

Nouvel Hôtel, direct. Monmavant, 300 lits de 20 à 25 fr., petit déjeûner 4 fr., déjeûner 16 fr., dîner 16 fr., pension 60 fr. 686 EC

Hôtel de Paris, prop. E. Blaise, 35 lits de 10 à 15 fr., petit déjeûner 2 fr. 50, déjeûner et dîner 12 fr., pension de 25 à 45 fr. 40.

Hôtel du Parc, directeur L. Hoffmann, 160 lits de 15 à 30 fr., petit déj. 3 fr., repas 14 fr., pension 35 à 55 fr. 9. EC

Pavillon de Cérès, directrice P. Poirot, 200 lits de 25 à 80 fr. 15. EC

Hôtel de la Providence et Grand Pavillon, propr. Paul Mouton, 150 lits de 12 à 25 fr., petit déjeûner 2 fr. 50, repas 12 fr., pension 32 à 45 fr. 27. EC

Hôtel des Sources, prop. Ch. H. Schwartz, 220 lits de 15

à 30 fr., petit déjeûner 3 fr., déjeûner 14 fr., diner 15 f., pension de 35 à 60 fr. 🛏 17. EC

Hôtel Terminus, directeur M. A. Paul. 140 lits de 10 à 20 fr., petit déjeûner 3 fr., repas 12 fr., pension de 32 à 45 fr. 🛏 62. EC EC

Vittel Palace, directeur G. Radlé. 130 lits de 20 à 60 fr., petit déjeûner 5 fr., déjeûner 28 fr., diner 28 fr., pension depuis 75 fr. 🛏 5. EC EC

Hôtel des Vosges. propr. Malamaire. 20 lits de 6 à 8 fr., petit déj. 2 fr., repas 7 fr. 50 vin compris, pension de 16 à 20 fr.

Hôtel des Tilleuls, propr. Laprévote-Ganet. 40 lits de 8 à 10 fr., petit déjeûner 2 fr. 50, déjeûner et diner 9 fr., pension de 26 à 35 fr.

Hôtel des Sports, prop. Pittinari. 34 lits de 8 à 15 fr., petit déj. 3 fr., repas 10 fr., pension de 25 à 30 fr. 🛏 98.

Villa Sainte-Claire, propr. Hurs, 18 lits, pension 25 à 30 francs.

Hôtel des Thermes, propriété de la Société des Eaux de Vittel.

WISSEMBACH (alt. 450 m.) Village en partie détruit par la guerre à 14 km. de Saint-Dié.

Station Raves-Ban-de-Laveline.

Service automobile pour Saint-Dié 2 fois par jour, prix 5 fr..

Hôtel de l'Ancienne Douane, propr. Laxenaire. 12 lits de 5 à 10 fr., petit déjeuner 2 fr. 50, déjeuner et diner 6 fr. 50 vin compris, pension 18 francs. 🛏 2. EC

XERTIGNY (alt. 430 m.) 3.205 habitants, dans le vallon de l'Amerey, au milieu de grandes forêts.
Station de la ligne Epinal à Lure.

XONRUPT (alt. 700 m.) à 3 km. de Gérardmer. Tram à vapeur Gérardmer-Retournemer.

Service d'automobiles Gérardmer-Colmar.

Hôtel du Saut des Cuves. propr. Paul Thiriet. 23 lits de 10 à 15 fr., petit déjeûner 3 fr., déjeûner et diner 10 à 12 fr., pension de 28 à 35 fr. 🛏 Gérardmer 69 EC

MM. les Touristes sont invités à adresser au Siège Social de la Fédération, 15, rue du Dôme à Strasbourg, les observations qu'ils auraient à faire dans l'intérêt général.

<table><tr><td><u>Avis aux
Hôteliers.</u></td><td>**Dans leur intérêt, les HOTELS NE FIGU-RANT PAS DANS LA PRÉSENTE BRO-CHURE** sont priés de se faire connaître au *Secrétariat de la Fédération des Vosges*, qui</td></tr></table>

leur fera parvenir un questionnaire au moment de l'établissement de la prochaine édition de la liste. Il leur **sera** demandé pour la composition du texte un droit de 25 fr.

Qu'il s'agisse de baigneurs ou de touristes, tous ceux que leurs occupations, ou les études de leurs enfants n'obligent pas à ne prendre leurs vacances qu'en août, ont avantage à fréquenter nos stations en mai, juin, juillet, septembre et octobre. Voyages et séjours en sont <u>plus agréables</u> avec plus de <u>place dans les trains et dans les hôtels.</u>

<u>Touristes et baigneurs</u> ; n'oubliez pas que la cohue et l'encombrement sont <u>la négation du confort en voyage.</u>

De plus, <u>doubler la longueur de la saison,</u> c'est <u>doubler</u> le nombre de nos lits d'hôtels, <u>c'est répartir les frais géné-raux sur un plus grand nombre de semaines,</u> c'est <u>permettre aux hôteliers de réduire leurs prix.</u>

AVIS IMPORTANT

TABLE DES MATIÈRES

Toute demande de renseignements doit être accompagnée d'un timbre pour la réponse.

AUX FABRIQUES DE SAINT-ÉTIENNE
Maison Fondée en 1791

Rubans, Soieries, Nouveautés, Dentelles et Chapeaux

EN GROS & EN DÉTAIL

P. LÉVY & H. HERZOG

RUE DES GRANDES ARCADES. 26 & 28   TÉLÉPHONE 583

RUE DU VIEUX-MARCHÉ-AUX-GRAINS. 15 & 17   STRASBOURG

GRAND HOTEL DU LOUVRE   TÉLÉPHONE 1.27

Télégr. LOUVRE-ÉPINAL   ET HOTEL D'ANGLETERRE

REMIS A NEUF 1924

B. MULATIER-NOEL   **ÉPINAL**   1er Ordre

NOUVEAU PROPRIÉTAIRE

GARAGE   CHAUFFAGE CENTRAL   BAINS

EAU COURANTE — APPARTEMENT AVEC SALLE DE BAINS

Cuisine et Cave renommées

Sa Cathédrale
Ses Monuments
Ses Musées

Tous renseignements touristiques gratuits au

SYNDICAT D'INITIATIVE
Hôtel de Ville – 9, rue Brûlée

Envoi gratuit du dépliant.

Envoi du GUIDE DE RENSEIGNEMENTS contre 2 fr. 50

CHEMINS DE FER DE L'EST

CIRCUITS AUTOMOBILES
(Saison d'été 1926)

Excursions par auto-cars permettant de visiter une des parties les plus pittoresques des Vosges et les principales Stations Thermales de la région de l'Est.

a) *de Belfort* { *à Gérardmer* / *au Ballon d'Alsace* }

Iᵉʳ CIRCUIT. — Belfort-Gérardmer-Belfort

Parcours dans la même journée. Circuit complet : 191 kil., par le Ballon d'Alsace, Bussang, Wesserling, la Route des Crêtes, le Hohneck, la Schlucht, Gérardmer, La Bresse, Cornimont, Le Thillot, Saint-Maurice.

IIᵉ CIRCUIT. — Belfort-Ballon d'Alsace-Belfort

Parcours dans la même journée. Circuit complet : 78 kil., via Giromagny, le Ballon d'Alsace, Sewen, Masevaux, Rougemont-le-Château.

b) *De Vittel ou de Contrexéville à Colmar*

(en commun avec les Chemins de Fer d'Alsace et de Lorraine

Iᵉʳ CIRCUIT. — Vittel-Contrexéville-Colmar

(Aller 170 kil.) via Darney, Bains-les-Bains, Plombières, Remiremont, Sapois, Gérardmer, la Schlucht, Munster, (retour le lendemain).

IIᵉ CIRCUIT. — Contrexéville-Vittel-Colmar

Parcours dans la même journée. Aller et retour : 308 kil.
Aller. — Via Valleroy-le-Sec, Dompaire, Epinal, Remiremont, Sapois, Gérardmer, la Schlucht, Munster.
Retour. — Via Munster, la Schlucht, Gérardmer, le Tholy, Tendon, Vallée de Docelles, Epinal, Dompaire, Valleroy-le-Sec.

Un service automobile de correspondance libre organisé par la Société des Eaux de Martigny, sur le parcours Martigny-Vittel, peut être emprunté gratuitement dans chaque sens par les voyageurs munis de billets d'auto-cars valables au départ ou à destination de Vittel ou de Contrexéville (correspondance à Vittel).

NOTA. — Pour tous renseignements, s'adresser aux gares d'arrêt du parcours, à la gare de Paris-Est (Bureau de Renseignements), ou au Service Commercial de la Cⁱᵉ, 13, rue d'Alsace, Paris.

VAXELAIRE
PIGNOT & CIE

VAXELAIRE & RENNESSON
Successeurs
NANCY

TOUT LE VÊTEMENT
TOUT LE TROUSSEAU
POUR HOMMES
JEUNES GENS & ENFANTS

DÉPOSITAIRE EXCLUSIF "SALF"
DES MANTEAUX

Mêmes Maisons à

ÉPINAL - BESANÇON - METZ

A QUALITÉ ÉGALE TOUJOURS MOINS CHER